500 TRICKS: ROOMS FOR FUN

500 TIPPS: FREIZET ZU HAUSE
Exklusive Räume

500 TIPS: HOBBYKAMERS

500 TRICKS: ROOMS FOR FUN

500 TIPPS: FREIZET ZU HAUSE
Exklusive Räume

500 TIPS: HOBBYKAMERS

F K G

F K G

Editorial project:
2012 © LOFT Publications
Via Laietana, 32, 4.°, of. 92
08003 Barcelona, Spain
Tel.: +34 932 688 088
Fax: +34 932 687 073
loft@loftpublications.com
www.loftpublications.com

Created and distributed in cooperation with Frechmann Kolón GmbH
www.frechmann.com

Editorial coordinator:
Aitana Lleonart Triquell

Art director:
Mireia Casanovas Soley

Design and layout coordination:
Claudia Martínez Alonso

Cover layout:
María Eugenia Castell Carballo

Layout:
Cristina Simó Perales

Translations:
Cillero & de Motta

ISBN 978-84-9936-747-7 (GB)
ISBN 978-84-9936-746-0 (D)
ISBN 978-84-9936-748-4 (NL)

Printed in China

Introduction

It goes without saying that no one questions the right of children to have their own space to play in. But what about adults? It may be that not only are we entitled to have a space for leisure but that we have an urgent need for one. The hectic pace of life today has an effect both on our body and our mind, and we are retreating more and more to the comfort of our own home to chill out and get away from the responsibilities of adult life. In other words, all we really want is to feel like we did when we were kids. This book is about fun spaces at home, particularly those designed for adults, although many of them can be used by children as well as grown-ups. From high-tech equipment and cutting edge machines to board games and trendy furniture, the choice of indoor décor and the items shown in this book can act as a source of inspiration for anyone thinking of setting aside an area in their own house for leisuretime activities, or simply wanting to take a leisurely look at these types of spaces.

Zweifellos stellt niemand das Recht der Kinder auf ein eigenes Zimmer, in dem sie spielen können, in Frage. Aber was ist mit den Erwachsenen? Möglicherweise haben wir nicht nur das Recht auf einen Raum, in dem wir uns erholen können, sondern wir brauchen ihn auch dringend. Der hektische Rhythmus unseres heutigen Lebens wirkt sich auf Körper und Geist aus und wir ziehen uns immer öfter in den Komfort unseres Hauses zurück, um uns zu entspannen und den Verantwortlichkeiten des Erwachsenenlebens für eine Weile zu entkommen. In anderen Worten, alles was wir wollen, ist uns wieder so wie in unserer Kindheit zu fühlen. In diesem Buch geht es um Räume, in denen wir uns zuhause vergnügen können, vor allem um Räume, die für Erwachsene gedacht sind, aber viele davon können sowohl von Kindern als auch von Erwachsenen genutzt werden. Angefangen von Spitzentechnologie und avantgardistischer Einrichtung bis zu Tischspielen und Designer-Möbeln soll diese Auswahl von Ausstattungs- und Einrichtungsvorschlägen alle inspirieren, die vorhaben, einen Raum ihrer Wohnung für die Freizeitunterhaltung zu gestalten oder diejenigen, die sich einfach für diese Art von Räumen interessieren.

Waarschijnlijk is er niemand die het recht van kinderen om over een eigen speelruimte te beschikken in twijfel trekt. En volwassenen dan? We hebben ongetwijfeld niet alleen het recht op een ruimte voor de vrijetijdsbesteding, maar we hebben hem zelfs nodig. Het huidige drukke levensritme heeft een nadelige invloed op ons lichaam en op onze geest en we zoeken steeds meer onze toevlucht tot het comfort van ons eigen huis om ons te ontspannen en de verantwoordelijkheden van het volwassen leven te ontvluchten. Met andere woorden, het enige wat we willen is ons weer kind voelen. Dit boek gaat over speciaal voor volwassenen bedoelde ruimten in huis waar men zich kan ontspannen. Van veel ervan kunnen echter ook kinderen en ouderen genieten. Vanaf hightechapparatuur en moderne uitrustingen tot speeltafels en trendy meubels, de selectie van de in dit boek gepresenteerde interieurs en elementen kunnen als inspiratie dienen voor degenen die van plan zijn om in huis een plek voor ontspanning in te richten of die simpelweg een kijkje willen nemen in dit soort ruimten.

Sin duda, nadie cuestiona el derecho de los niños a disponer de su propio espacio para jugar. Pero, ¿y los adultos? Posiblemente no solo tengamos derecho a un espacio de ocio, sino que lo necesitamos urgentemente. El ajetreado ritmo de vida actual repercute tanto en nuestro cuerpo como en nuestra mente, y cada vez más nos refugiamos en el confort de nuestra propia casa para relajarnos y escapar de las responsabilidades de la vida adulta. En otras palabras, lo único que deseamos es volver a sentirnos como cuando éramos niños. Este libro trata sobre los espacios para divertirse dentro del hogar, especialmente aquellos pensados para los adultos, aunque muchos de ellos también pueden ser disfrutados tanto por los niños como por los mayores. Desde aparatos de tecnología punta y equipamientos de vanguardia hasta juegos de mesa y muebles de moda, la selección de los interiores y los elementos presentada en esta obra puede servir de inspiración para todos aquellos que están pensando en destinar un lugar dentro de su vivienda para el ocio, o simplemente quieren pasear por este tipo de espacios.

Home Theaters, Bars and Discoteques

Sebastià Garcia House

This exotic interior design with a multitude of Asian references, intense colors and abstract paintings creates an evocative atmosphere perfect for get-togethers, parties and private screenings. A projector, stereo and high-definition screen allow you to have the complete visual experience. At the same time, a bar decorated in an exuberant style offers a lively atmosphere for parties and get-togethers.

Dit exotische interieurdesign met vele verwijzingen naar Azië, intense kleuren en abstracte schilderijen creëert een suggestieve sfeer die ideaal is voor bijeenkomsten, feesten en filmvertoningen in besloten kring. Een projector, een geluidsinstallatie en een hogedefinitiescherm maken het mogelijk om van een integrale visuele ervaring te genieten. Tegelijkertijd zorgt een weelderig versierde bar voor een gezellige sfeer voor feesten en bijeenkomsten.

Diese exotische Einrichtung mit vielfältigen asiatischen Bezügen, intensiven Farben und abstrakten Bildern schafft eine anregende Atmosphäre und eignet sich optimal für gesellschaftliche Zusammenkünfte, private Feste und Vorführungen. Ein Projektor, eine Stereoanlage und eine HD (High Definition)-Leinwand ermöglichen ein intensives audio-visuelles Erlebnis. Zudem schafft eine opulent gestaltete Bartheke ein heiteres Ambiente für Feste und gesellschaftliche Zusammenkünfte.

Este exótico diseño interior con múltiples referencias asiáticas, colores intensos y cuadros abstractos crea un ambiente sugerente idóneo para celebrar reuniones, fiestas y proyecciones privadas. Un proyector, un equipo de sonido y una pantalla de alta definición permiten disfrutar de una experiencia visual integral. Al mismo tiempo, una barra decorada de forma exuberante proporciona una atmósfera animada para fiestas y reuniones.

With red calling the tune, this spot invites you to sit down and enjoy some great music and company. The key: arranging the sound system perfectly to suit the space.

Diese Sitzgruppe, in der die Farbe Rot die Hauptrolle spielt, lädt dazu ein, in Gesellschaft gute Musik zu genießen. Das Schlüsselelement die richtige, für den Raum geeignete, Audio-Anlage.

Met rood als hoofdkleur nodigt deze hoek uit om te gaan zitten en in gezelschap te genieten van een goede muzieksessie. De clue: de geluidsinstallaties de juiste plek in de ruimte geven.

Con el rojo como protagonista, este rincón invita a tomar asiento y, en compañía, disfrutar de una buena sesión de música. La clave: disponer los equipos de sonido correctamente en el espacio.

The ambiance of this spot recognizes the importance of music in any celebration. Finding a space for the protruding audio equipment will guarantee a great party.

In deze hoek komt het belang dat muziek bij welke viering dan ook heeft naar voren. Door de uitspringende geluidsinstallaties een ruimte toe te kennen wordt het feest gegarandeerd.

Bei der Einrichtung dieser Ecke wurde die Bedeutung der Musik für jede Art von Feier erkannt. Die Ausstattung eines Raumes mit hervorragenden Musikanlagen garantiert den Erfolg des Festes.

La ambientación en esta esquina reconoce la importancia de la música en cualquier celebración. Otorgar un espacio a los protuberantes equipos de sonido asegura la fiesta.

This screen, which occupies practically the whole wall from floor to ceiling, is surrounded by the audio equipment. It is ideal for entertaining guests by offering them a one-of-the-kind experience.

Dit scherm dat bijna de gehele wand, van de vloer tot aan het plafond, in beslag neemt wordt door geluidsinstallaties omgeven. Het is ideaal om de gasten te entertainen met een unieke belevenis.

Diese Projektionsleinwand, die fast vom Boden bis zur Decke reicht, ist von Audio-Geräten umgeben. Sie ist optimal dafür geeignet, die Gäste mit einem einzigartigen Erlebnis zu unterhalten.

Esta pantalla que ocupa casi de suelo a techo está rodeada por los equipos de sonido. Es ideal para entretener a los invitados con una experiencia única.

The space for drinks is reminiscent of a musical past, when people went to classic cantinas to have fun. This special host welcomes their guest and transports them to another time and another place.

Die Bar, spielt auf eine musikalische Vergangenheit an, als die Vergnügungen in klassischen Bars stattfanden. Dieser besondere Gastgeber versetzt den Gast in andere Zeiten und Orte.

De ruimte voor de glazen zinspeelt op een muzikaal verleden, toen het vermaak terug te vinden was in de klassieke kantines. Deze speciale gastheer ontvangt zijn gast en vervoert hem naar een andere tijd en ruimte.

El espacio de las copas hace alusión a un pasado musical, cuando la diversión se encontraba en las clásicas cantinas. Este anfitrión especial recibe al invitado y lo transporta a otro tiempo y espacio.

Bachelor Pad

This house, which was originally an old gun shop, was converted into the residence of a wealthy bachelor looking for a well-equipped space to hold parties and social gatherings. The living room is a large space with a U-shaped mahogany bar topped with a zinc counter manufactured in France. The walls are painted in bright colors and decorated with striking pictures and vintage posters.

Dieses Haus, ursprünglich ein altes Waffengeschäft, wurde zum Wohnsitz eines wohlhabenden Junggesellen, der einen besonderen Raum für Feste und gesellschaftliche Zusammenkünfte wünschte. In dem weiträumigen Salon befindet sich eine U-förmige Bar aus Mahagoni, die von einer in Frankreich hergestellten Theke aus Zink gekrönt ist. Die lebhaften Farben gehaltenen Wände sind mit auffallenden Bildern und *vintage*-Postern dekoriert.

Dit huis was oorspronkelijk een oude wapenwinkel en werd omgebouwd tot de woning van een welgestelde vrijgezel die een ruimte wou hebben die speciaal was ingericht om er feesten en sociale bijeenkomsten te houden. De salon is een grote ruimte met een U-vormige mahoniehouten bar met daarop een in Frankrijk gemaakte zinken tapkast. De wanden zijn in felle kleuren geschilderd en versierd met opvallende schilderijen en *vintage* affiches.

Esta casa, que originariamente era una vieja armería, se convirtió en la residencia de un soltero acaudalado que deseaba un espacio especialmente equipado para celebrar fiestas y reuniones sociales. El salón es un espacio amplio con una barra de caoba en forma de U coronada por un mostrador de cinc fabricado en Francia. Las paredes están pintadas con colores vivos y decoradas con cuadros llamativos y carteles *vintage*.

This long bar can accommodate at least ten people. It is accompanied by an elegant cabinet that keeps utensils tidy and offers a comfortable arrangement for preparing and serving drinks.

An dieser großen Bartheke können wenigstens zehn Personen Platz nehmen. Sie ist mit elegantem Mobiliar ausgestattet, das die Gerätschaften enthält und so unterteilt ist, dass die Getränke bequem zubereitet und serviert werden können.

Aan deze grote bar kunnen ten minste tien personen zitten. Naast de bar staat elegant meubilair waarin glazen en dranken worden opgeborgen. Het geheel is comfortabel opgesteld om drankjes te bereiden en te serveren.

Esta gran barra puede albergar por lo menos a diez personas. Está acompañada de un elegante mobiliario que organiza los utensilios y ofrece una cómoda disposición para preparar y servir las copas.

The texture of the walls, wooden table and iron benches make the perfect complement for the space where the wine racks are stored. Ideal for a wine-tasting session.

De textuur van de muren, de houten tafel en de ijzeren krukjes maken de ruimte waar zich de wijnrekken bevinden perfect af. Het is ideaal voor een wijnproeverij.

Die Textur der Wände, der Holztisch und die Hocker aus Eisen ergänzen den Raum, in dem sich die Weinregale befinden, perfekt. Ein idealer Raum für eine Weinprobe.

La textura de las paredes, la mesa de madera y las banquetas de hierro complementan a la perfección el espacio donde se encuentran los botelleros de vino. Es ideal para una sesión de cata.

Wine-Tasting Room

During the process of transforming an old rundown barn into a modern residence, a hidden storage space was discovered, which was reached through a trapdoor. The space was turned into a cellar and wine-tasting room. The architects kept the concrete, exposed stone and wooden ceilings, and brightened up the space with red cushions on the floor, wine racks and a wine-tasting table.

Bij het ombouwen van een bouwvallige graanschuur tot een moderne woning ontdekte men werd een verborgen opslagruimte ontdekt waartoe men via een valluik toegang heeft. De ruimte werd omgebouwd tot een wijnproefzaal en bodega. De architecten handhaafden het beton, het zichtbare steen en de houten plafonds en fleurden de ruimte op met rode kussens op de vloer, flessenrekken en een keurtafel.

Beim Umbau einer baufälligen Scheune in ein modernes Wohnhaus wurde ein versteckter Lagerraum entdeckt, in den man durch eine Falltür gelangte. Dieser Raum wurde einen Weinkeller und einen Saal für Weinproben umgestaltet. Die Architekten bewahrten den Beton, die sichtbaren Mauersteine und die Holzdecken und belebten den Raum mit roten Kissen auf dem Boden, Weinregalen und einen Tisch für die Weinproben.

Durante el proceso de transformación de un granero destartalado en una moderna residencia, se descubrió un espacio para el almacenamiento escondido al que se accedía mediante una trampilla. El espacio se transformó en una sala de cata de vinos y bodega. Los arquitectos conservaron el hormigón, la piedra vista y los techos de madera, y animaron la estancia con unos cojines de color rojo colocados en el suelo, unos botelleros y una mesa de cata.

Cinema Lounge

This chill out lounge was specially designed to accommodate a large number of people for movie screenings. The room is dominated by a huge panoramic plasma screen and a curved table in the center incorporating an open fireplace. The contemporary furniture, white walls, cheerful lighting and minimalist design create a modern, relaxed atmosphere, perfect for late night film sessions and sophisticated parties.

Dieser *chill out*-Salon, der vielen Personen Platz bietet, wurde für Kinovorstellungen entworfen. Der Raum wird von einem Panorama-Plasma-Bildschirm beherrscht und in der Mitte befindet sich ein Tisch, der einen offenen Kamin umgibt. Die modernen Möbel, die weißen Wände, die heitere Beleuchtung und das minimalistische Design schaffen eine lockere Atmosphäre für nächtliche Filmvorführungen und Feste.

Deze *chill out*-salon is speciaal ontworpen om er een groot aantal mensen onder te brengen en om er filmvoorstellingen te houden. De ruimte wordt overheerst door een panoramisch plasmascherm en een gebogen tafel in het midden met daarop een haard. De actuele meubels, witte muren, vrolijke verlichting en het minimalistische ontwerp zorgen voor een moderne en ontspannen sfeer, ideaal voor nachtelijke filmvoorstellingen en trendy feesten.

Esta salón *chill out* fue especialmente diseñado para acoger a un gran número de personas y celebrar sesiones de cine. La sala está presidida por una pantalla de plasma panorámica y una mesa curva en el centro que integra una chimenea abierta. Los muebles actuales, las paredes blancas, la alegre iluminación y el diseño minimalista crean un ambiente moderno y distendido, ideal para pases de cine nocturnos y fiestas sofisticadas.

The minimalist style of this room, with straight lines and soft lighting, achieves its goal: namely, that the screen attracts everyone's attention when it is on.

Die minimalistische Möblierung dieses Saals mit geraden Linien und gedämpfter Beleuchtung führt dazu, dass der eingeschaltete Bildschirm alle Blicke auf sich zieht.

Het minimalisme van deze zaal, met rechte lijnen en een zwakke verlichting, bereikt zijn doel: het ingeschakelde scherm trekt alle blikken.

El minimalismo de esta sala, con líneas rectas e iluminación tenue, logra su objetivo: que la pantalla encendida atraiga todas las miradas.

Monk's Shadow House

This home is divided into three zones: one for the parents, one for the teenage kids and another for the guests. The area reserved for the parents has a master suite and an entertainment area, which includes this room with a projector, turning it into a small home cinema, with the light fixtures simulating those found in a real movie theater.

Diese Wohnung ist in drei Bereiche aufgeteilt: Einer für die Eltern, einer für die Kinder im Teenager-Alter und ein Gästebereich. Der Elternbereich besteht aus einer Haupt-Suite und einer für die Unterhaltung gedachten Zone, in der sich dieses kleine Heimkino mit einem Filmprojektor befindet. Die Beleuchtung kann wie in einem echten Kinosaal reguliert werden.

Deze woning is in drie zones verdeeld: een voor de ouders, een voor de tienerkinderen en een andere voor de logees. De voor de ouders bestemde zone bestaat uit een hoofdsuite en een entertainmentruimte waarin zich deze zaal met projector bevindt die fungeert als kleine thuisbioscoop. De verlichting bootst die van een echte filmzaal na.

Esta vivienda se divide en tres zonas: una para los padres, una para los hijos adolescentes y otra para los huéspedes. La zona destinada a los padres consta de una suite principal y de un área de entretenimiento en la que se incluye esta sala con proyector a modo de pequeño cine doméstico, cuya iluminación simula la de una verdadera sala de cine.

Home Cinema

In this old industrial warehouse, converted into a residence, the high ceilings were retained, along with the open spaces and brick walls. A flat TV screen mounted on the wall provides the ideal setting to have some people round to watch a movie. At the same time, the dimensions and style of the residence turn it into the ideal place to hold a party.

In dieser ehemaligen Industriehalle, die in ein Wohnhaus umgebaut wurde, wurden die hohen Decken, die offenen Räume und die Ziegelwände erhalten. Ein Flachbildfernsehgerät an der Wand bietet optimale Bedingungen für eine Kino-Vorstellung mit Gästen. Die Dimensionen und der Stil des Wohnhauses machen es außerdem zu einem idealen Ort für Festlichkeiten.

In dit voormalige industriemagazijn dat is omgebouwd tot woning werden de hoge plafonds, de open ruimten en de bakstenen muren bewaard. Een plat televisiescherm dat aan de wand hangt zorgt voor een ideale omgeving voor de organisatie van een filmvoorstelling voor een aantal gasten. Daarnaast zorgen de afmetingen en de stijl van de woning ervoor dat zij een ideale plaats is om er een feest te houden.

En este antiguo almacén industrial convertido en residencia, se conservaron los techos altos, los espacios abiertos y las paredes de ladrillo. Una pantalla plana de televisión en la pared proporciona un magnífico entorno para organizar una sesión de cine con algunos invitados. Al mismo tiempo, las dimensiones y el estilo de la residencia la convierten en el lugar ideal para celebrar una fiesta.

Q-Loft

Designed for the director of Marvel Comics in New York, this loft was originally planned to provide not only a pleasing space with spectacular views of the Empire State Building but also to include an entertainment area. This includes a large screen hidden behind wooden panels and can be opened up to the other areas of the loft by means of sliding panels.

Deze loft, ontworpen voor de directeur van Marvel Comics in New York, was bedoeld om niet alleen een aangename ruimte met een spectaculair uitzicht op de Empire State Building te bieden, maar ook om er een entertainmentzone in onder te brengen. Deze bevat een groot verborgen scherm achter houten panelen en kan aan de rest van de loftzones worden verbonden door middel van schuifpanelen.

Dieses Loft, das für den Direktor von Marvel Comics in New York entworfen wurde, bietet nicht nur einen komfortable Raum mit einer spektakulären Sicht auf das Empire State Building, sondern enthält auch einen für die Unterhaltung gedachten Bereich. Darin befindet sich ein großer, hinter Holzpanelen verborgener Bildschirm und man kann diese Zone mit den anderen Bereichen des Loft durch Schiebewände verbinden.

Diseñado para el director de Marvel Comics en Nueva York, este *loft* fue concebido para proporcionar no solo un espacio agradable con espectaculares vistas del Empire State Building sino también para incluir una zona de entretenimiento. Esta cuenta con una gran pantalla oculta detrás de paneles de madera y se puede abrir a las restantes áreas del *loft* mediante paneles corredizos.

Cinema in a Loft

This residence incorporates a home cinema in the open-plan living space, which makes up the central area of the loft. The luxury offered by the widescreen TV is accentuated by another built-in screen that can be pulled out of the wall to create the sensation of a real home cinema. An adjacent area features vertical audiovisual equipment and a telescope for gazing at the stars.

Deze woning bevat een *home cinema* in de open woonkamer die het centrale deel van de loft uitmaakt. De luxe die het grote panoramische scherm uitstraalt wordt geaccentueerd dankzij een ander ingebouwd scherm dat uit de wand kan worden getrokken, zodat een ware thuisbioscoop ontstaat. In een aangrenzende ruimte springt een verticale audiovisuele installatie en een telescoop waarmee de sterren kunnen worden bekeken in het oog.

Im Wohnzimmer dieser Wohnung befindet sich ein offenes *home cinema*, das den zentralen Bereich des Loft einnimmt. Der Luxus, den der große Panorama-Bildschirm bietet, wird dank einer weiteren, in die Wand eingebauten ausziehbaren Leinwand betont. So entsteht ein echtes Heimkino. In einem anschließenden Bereich befinden sich eine Audio-Video-Anlage und ein Teleskop, mit dem man die Sterne beobachten kann.

Esta residencia incorpora un *home cinema* en la sala de estar de planta abierta que constituye la parte central del *loft*. El lujo que ofrece la gran pantalla panorámica se acentúa gracias a otra pantalla incorporada que puede extraerse de la pared y crear así un auténtico cine en casa. En un área adyacente destaca un equipo audiovisual vertical y un telescopio con el que contemplar las estrellas.

Private Residence

This elegant residence owned by a young executive is characterized by a fusion of modern and classical styles, which combine with a sober palette of colors and materials, contemporary lines and minimalist décor. The panels in the living room incorporate a plasma screen and there is also a modern stereo hidden inside: both create the ideal environment for the owners and their guests to enjoy a wonderful audiovisual experience.

Diese elegante Wohnung eines jungen Managers ist durch die Kombination von modernen und klassischen Stilelementen geprägt. Die minimalistische Einrichtung ist in nüchternen Farben und Materialien mit klaren Linien gehalten. In die Paneele des Wohnzimmers ist ein Plasma-Bildschirm eingelassen und sie verbergen eine moderne Audio-Anlage: Beides schafft eine ideale Umgebung, für ein angenehmes audiovisuelles Erlebnis für die Besitzer und ihre Gäste.

Deze elegante woning van een jonge manager wordt gekenmerkt door een fusie van moderne en klassieke stijlen die worden gecombineerd met sobere kleuren en materialen, hedendaagse lijnen en een minimalistische inrichting. De panelen van de living bevatten een plasmascherm en verbergen een moderne geluidsinstallatie: beide zorgen voor de ideale sfeer opdat de eigenaars en hun gasten kunnen genieten van een aangename audiovisuele ervaring.

Esta elegante residencia de un joven ejecutivo se caracteriza por una fusión de estilos modernos y clásicos que se combinan con una sobria paleta de colores y materiales, líneas contemporáneas y una decoración minimalista. Los paneles del salón integran una pantalla de plasma y ocultan un moderno equipo de sonido: ambos crean el ambiente idóneo para que los propietarios y sus invitados puedan disfrutar de una grata experiencia audiovisual.

Duplex Penthouse

This duplex penthouse was designed to admire the spectacular views. However, it is also the best option for those rainy days or lazy evenings when you prefer to just stay at home and chill out on the sofa with a good film. A huge dropdown screen, which can be hidden away in the ceiling, transforms the living room into a comfortable, cozy home cinema.

Diese zweistöckige Dachwohnung wurde so entworfen, dass man die spektakuläre Aussicht genießen kann. Sie bietet aber auch die beste Alternative für Regentage oder Abende, an denen man zuhause bleiben und entspannt vom Sofa aus einen guten Film ansehen möchte. Eine große ausziehbare Leinwand, die in der Decke verborgen ist, verwandelt das Wohnzimmer in ein komfortables und gemütliches *home cinema*.

Dit penthouse met twee verdiepingen werd ontworpen om er te kunnen genieten van het spectaculaire uitzicht. Echter, het is ook de beste optie voor regenachtige dagen of luie avonden waarop men graag thuis blijft en ontspannen op de bank wil genieten van een goede film. Een groot uitklapbaar scherm dat in het plafond is verborgen verandert de woonkamer in een comfortabele en gezellige *home cinema*.

Este ático dúplex fue diseñado para poder disfrutar de las espectaculares vistas. Sin embargo, también es la mejor opción para aquellos días de lluvia o noches perezosas en los que apetece quedarse en casa y disfrutar relajadamente en el sofá de una buena película. Una gran pantalla desplegable que se oculta en el techo transforma la sala de estar en un confortable y acogedor *home cinema*.

The projector is located in a corner of the room. The screen drops down from the ceiling at an angle to the wall. The lighting also contributes towards converting the living room into a movie theater.

Der Projektor befindet sich in einer Ecke des Salons. Die Leinwand wird über Eck von der Decke herunter ausgezogen. Auch die funktionale Beleuchtung trägt dazu bei, den Salon in einen Kinosaal zu verwandeln.

De projector bevindt zich in een hoek van de kamer. Het scherm klapt uit vanuit een hoek uit het plafond. De verlichting is bovendien functioneel wanneer de woonkamer in thuisbioscoop wordt veranderd.

El proyector se encuentra en un rincón de la sala. La pantalla se despliega desde el techo haciendo esquina. La iluminación es, además, funcional a la transformación del salón en sala de cine.

The screen and projector are accompanied by a sound system that gives the room its cinema atmosphere. The Home Theater equipment also adds a touch of elegance and matches the rest of the décor.

Die Leinwand und der Projektor werden durch eine Audio-Anlage ergänzt, die eine Film-Atmosphäre garantiert. Die Home-Theatre-Geräte sind zudem elegant und passen zum Stil der übrigen Einrichtung.

Het scherm en de projector worden aangevuld met een geluidsinstallatie die garant staat voor een bioscoopsfeer. De installaties van Home Theatre zorgen bovendien voor elegantie en passen bij de rest van de inrichting.

La pantalla y el proyector se complementan con un equipo de sonido que asegura un clima de película. Los equipos del *home theatre*, además, aportan elegancia y concuerdan con el resto de la decoración.

Loft López

This two-story loft is equipped with a widescreen located above a bookcase, in the living area. The strategic position of the screen enables projected images to be seen both from the living room and also from a terrace located outside on the upper floor. This installation makes it possible to enjoy film sessions outdoors during the warmest months of the year and create a perfect atmosphere for holding parties at home.

Deze loft met twee verdiepingen is bij de zithoek boven een boekenkast uitgerust met een groot projectiescherm. Door de strategische plaats van het scherm kan men de geprojecteerde beelden zowel vanuit de woonkamer als vanaf een hoger gelegen buitenterras zien. Hierdoor is het mogelijk om in de warmste maanden van het jaar biedt van filmvoorstellingen in de open lucht te genieten en zo wordt een perfecte sfeer gecreëerd om thuis feesten te vieren.

Dieses zweistöckige Loft ist mit einer großen Projektionsleinwand über einem Bücherregal im Wohnbereich ausgestattet. Der strategische Standort der Leinwand ermöglicht es, dass man die projizierten Bilder sowohl vom Salon wie auch vom Balkon im oberen Stockwerk aus sehen kann. Diese Anlage bietet die Gelegenheit, die Filmvorführungen in den heißen Monaten im Freien zu genießen und schafft das perfekte Ambiente für Feste im Haus.

Este *loft* de dos pisos está equipado con una gran pantalla de proyección situada sobre una librería, en la zona de estar. El emplazamiento estratégico de la pantalla permite que las imágenes proyectadas puedan verse tanto desde el salón como desde una terraza exterior situada en el nivel superior. Esta instalación ofrece la oportunidad de disfrutar de sesiones de cine al aire libre durante los meses más calurosos y crea un ambiente perfecto para celebrar fiestas en casa.

Jordi Sarabia House

The mural occupying the entire wall of the staircase leading up to this sophisticated home cinema provides a clear example of the owner's passion for cinema and fantasy. The cabinet standing against the wall contains a stereo, a flat TV screen and a dropdown projection screen. In an adjacent room there is a private gym equipped with large speakers, making it possible to listen to music while doing exercise.

De muurschildering die de hele muur van de naar deze eigentijdse *home cinema* voerende trap in beslag neemt, is een duidelijk voorbeeld van de passie die de eigenaar voor de film en fantasie heeft. Het tegen de wand leunende meubel bevat een geluidsinstallatie, een plat televisiescherm en een uitklapbaar projectiescherm. In een aangrenzende kamer bevindt zich een fitnessruimte uitgerust met grote luidsprekers waardoor men naar muziek kan luisteren terwijl men aan het sporten is.

Das Gemälde, das die gesamte Wand hinter der Treppe, die zu diesem anspruchsvollen *home cinema* führt, einnimmt, ist ein klares Beispiel für die Leidenschaft des Besitzers für das Kino und die Fantasie. Das Möbel an der Wand enthält eine Audio-Anlage, einen Flachbildfernsehschirm und eine ausfaltbare Projektionsleinwand. In einem anschließenden Zimmer gibt es einen privaten Fitness-Raum mit großen Lautsprechern, damit man während des Trainings Musik hören kann.

El mural que ocupa toda la pared de la escalera que conduce a este sofisticado *home cinema* es una clara muestra de la pasión del propietario por el cine y la fantasía. El mueble apoyado en la pared contiene un equipo de sonido, una pantalla plana de televisión y una pantalla de proyección desplegable. En una habitación adyacente hay un gimnasio privado equipado con grandes altavoces que permiten escuchar música mientras se hace ejercicio.

In this movie screening room, the cabinet is designed to contain all the equipment and material needed: sound, reproduction and part of the video library.

In deze filmprojectieruimte is het meubilair zodanig ontworpen dat alle nodige apparatuur en materiaal erin past: geluid, reproductie en een deel van de videotheek.

In diesem Filmvorführraum ist das Mobiliar für die Aufnahme der gesamten Ausrüstung und des notwendigen Materials entworfen: Ton, Reproduktion und Teil der Videothek.

En esta sala de proyección de películas, el mobiliario está diseñado para contener todo el equipamiento y material necesario: sonido, reproducción y parte de la videoteca.

The owner's main video library has been located in the room leading into the cinema room. It is decorated with a mural evoking a Hollywood classic.

Die Haupt-Videothek des Hausherrn wurde in dem Zimmer, das sich vor dem Kinosaal befindet, untergebracht. Es ist mit einem spektakulären Wandbild aus einem Hollywood-Klassiker dekoriert.

De voornaamste videotheek van de eigenaar van het huis bevindt zich in de kamer die voorafgaat aan de filmzaal. Hij is versierd met een suggestieve muurschildering van een klassieker uit Hollywood.

La videoteca principal del dueño de la casa se ha ubicado en la estancia que precede a la sala de cine. Está decorada con un sugerente mural de un clásico hollywoodense.

On entering the room, everything is ready to enjoy a good film in the right conditions. The openings have blinds that block out the light and stop any reflections from appearing on the screen.

In dem Zimmer ist alles für den ungestörten Genuss eines guten Films vorbereitet. Fenster und Türen haben Jalousien, mit denen man den Lichteinfall blockieren und Spiegelungen vermeiden kann.

Alles in deze kamer is erop gericht om lekker van een goede film te kunnen genieten. De ramen zijn voorzien van rolluiken waardoor lichtinval kan worden vermeden en weerspiegelingen worden tegengegaan.

Al entrar a la habitación, todo está preparado para disfrutar correctamente de una buena película. Las aberturas cuentan con persianas que permiten bloquear la entrada de la luz y evitar los reflejos.

Theatre Chairs

In this property the high ceilings were used to create another intermediate level offering a good view and serving as the seating area. The balcony, which is oriented towards the living room, was designed to watch movies projected on a screen that drops down from a slot in the ceiling. The plush chairs and wood-beamed ceiling creates an intimate atmosphere offering a unique cinema experience.

In deze woning wordt gebruik gemaakt van de hoge plafonds om er een tussenniveau in aan te brengen waar men vanuit de stoelen een goede gezichtshoek heeft. Het balkon dat is gericht op de woonkamer werd ontworpen om er films te bekijken die worden geprojecteerd op een scherm dat uit een inkeping in het plafond klapt. Dankzij de fluwelen stoelen en het plafond met houten balken ontstaat een intieme sfeer waarin van een unieke filmvoorstelling kan worden genoten.

In dieser Wohnung wurden die hohen Decken für eine Zwischenebene genutzt, von der aus man eine gute Sicht hat und die als Zuschauerbereich dient. Die Galerie, die auf das Wohnzimmer geht, wurde für das Anschauen von Filmen gestaltet. Diese werden auf eine Leinwand projiziert, die von einem Schlitz in der Decke ausgerollt wird. Die Plüschsessel und die Holzbalkendecke schaffen eine intime Atmosphäre für ein einzigartiges Kinoerlebnis.

En esta residencia se aprovecharon los techos altos para crear otro nivel intermedio desde el que se disfruta de un buen ángulo de visión y sirve como zona de butacas. El balcón, orientado hacia la sala de estar, fue diseñado para ver las películas proyectadas sobre una pantalla que se despliega desde una ranura situada en el techo. Las sillas de felpa y el techo de vigas de madera crean una atmósfera íntima que permite disfrutar de una sesión de cine única.

Loft in New York

When renovating this loft the partitions were removed to obtain an open-plan space. The living area contains a long module that can be used as a desk when open, and is equipped with a movie projector that is reflected on the white wall above it, enabling the occupants of the house and their guests to enjoy high quality viewing in full comfort.

Bij de renovatie van deze loft werden de scheidingswanden afgebroken zodat een open, heldere ruimte ontstond. De zithoek heeft een lange module die geopend als bureau fungeert en is uitgerust met een filmprojector die weerspiegelt op de witte bovenwand, zodat de bewoners en gasten gerieflijk kunnen genieten van een visuele ervaring van kwaliteit.

Bei der Renovierung dieses Lofts wurden die Zwischenwände entfernt, um einen offenen, hellen Raum zu erhalten. Der offene Wohnbereich enthält ein großes Modul, das als Schreibtisch dient, und ist mit einem Filmprojektor ausgestattet, der auf die obere weiße Wand gerichtet ist, um Bewohnern und Gästen auf komfortable Weise ein hochqualitatives Seherlebnis zu ermöglichen.

En la renovación de este *loft* se eliminaron las divisiones para obtener un espacio abierto y diáfano. La zona de estar contiene un largo módulo que sirve como escritorio cuando está abierto, y está equipada con un proyector de películas que se refleja en la blanca pared superior para que los inquilinos y los invitados puedan disfrutar cómodamente de una experiencia visual de calidad.

Residence in Garraf

Located on the Garraf coast, Catalonia, this property has a home cinema in the living room. The screen can drop down automatically, like most of the appliances in the house, which are controlled by remote control. They can also come down as huge shutters to stop the light from seeping in through the windows, thereby providing the ideal environment for screening images and movies.

Diese, an der Costa del Garaf, Katalonien, gelegene Villa verfügt über ein *home cinema* im Salon. Die Leinwand entrollt sich automatisch und funktioniert wie die meisten Geräte im Haus per Fernbedienung. Man kann auch große Jalousien herunter lassen, damit das Licht nicht durch die großen Fenster hereinkommt. So entsteht ein ideales Szenarium für die Projektion von Bildern und Filmen.

Deze woning, gelegen aan de kust van de Garraf, Catalonië, beschikt over een *home cinema* in de woonkamer. Het scherm kan, net als de meeste apparaten in het huis die op afstandsbediening functioneren, automatisch worden uitgeklapt. Eveneens kan men een paar grote rolgordijnen laten zakken zodat het licht niet via de grote ramennaar binnen schijnt. Hierdoor ontstaat een ideale omgeving om beelden en films te projecteren.

Situada en la costa catalana del Garraf, esta residencia dispone de un *home cinema* en el salón. La pantalla puede desplegarse de forma automática, al igual que la mayoría de los aparatos de la casa, que funcionan con un sistema de control remoto. También pueden bajarse en unos grandes estores para que la luz no se filtre en el interior a través de los ventanales, lo que proporciona un escenario ideal para proyectar imágenes y películas.

All the audiovisual devices were placed on the rustic wall perpendicular to the sofas in the living room, which provides an ideal setting for watching some great movies.

Alle Audio-und Video-Anlagen befinden sich an der rustikalen Wand im rechten Winkel zu den Sofas des Salons und bieten ein ideales Ambiente, um gute Filme zu sehen.

Alle audiovisuele apparatuur werd tegen de rustieke wand haaks op de banken van de zitkamer geplaatst, waardoor een ideale sfeer ontstaat om van goede films te genieten.

Todos los dispositivos audiovisuales se ubicaron sobre la rústica pared perpendicular a los sofás de la sala de estar, lo que proporciona un ambiente ideal para disfrutar de buenas películas.

The screen was placed alongside a warm, modern fireplace with stone cladding, just like the surrounding wall holding the equipment. The cabinet housing the playback equipment was also designed for the room.

Het scherm werd aangebracht naast een moderne, gezellige open haard bekleed met steen, net als de belendende muur die de apparatuur ondersteunt. Ook werd het meubel ontworpen waarin zich de reproductieapparatuur bevindt.

Ebenso wurde das Möbelstück, das die Vorführanlage enthält, gestaltet.Die Leinwand ist neben einem modernen Kamin angebracht, der ebenso wie die angrenzende Wand, an der sich die Anlage befindet, mit Stein verkleidet ist.

La pantalla se colocó junto a un moderno y cálido hogar revestido de piedra, al igual que la pared aledaña que sostiene el equipo. También se diseñó el mueble que alberga los equipos reproductores.

Mounted on the same wall, to one side of the screen, is the equipment providing great sound to accompany the images. Two small speakers were oriented in two directions.

Aan dezelfde muur, aan een zijde van het scherm, is de apparatuur geïnstalleerd die voor een goed geluid zorgt: twee in verschillende richtingen geplaatste, kleine luidsprekers.

An derselben Wand, an einer Seite der Leinwand, wurden Geräte installiert, die die Vorführung mit einem guten Klang ergänzen. Zwei kleine Lautsprecher wurden in zwei verschiedenen Richtungen angebracht.

En la misma pared, a un costado de la pantalla, se han instalado los equipos para complementar la visualización con un buen sonido. Se ubicaron dos pequeños altavoces hacia dos direcciones.

The height of the ceilings meant that it was possible to install this huge screen in the living room to make for more entertaining get-togethers. The children can even enjoy themselves watching cartoons while the adults have a chat.

Die hohen Decken ermöglichten es, diese große Leinwand im Wohnzimmer anzubringen und so die gesellschaftlichen Treffen unterhaltsamer zu gestalten. So können die Kinder Zeichentrickfilme sehen, während sich die Erwachsenen unterhalten.

Door de hoogte van de plafonds kon dit grote scherm in de woonkamer worden geïnstalleerd en kunnen de leukste bijeenkomsten worden gehouden. De kinderen kunnen er bovendien van tekenfilms genieten terwijl de volwassenen aan het kletsen zijn.

La altura de los techos permitió instalar esta gran pantalla en el salón y así hacer las reuniones más entretenidas. Incluso, mientras los adultos conversan, los niños pueden disfrutar con los dibujos animados.

VXO House

The aim of the VXO project was to integrate the scenery, structural forms and local artwork in a visual, spatial narrative by creating three individual structures. The V house, containing the main rooms in the property, has a comfortable room for the whole family to enjoy themselves watching movies. A screen rolled up inside a device below the ceiling drops down to turn the living room into a home cinema.

Mit der Errichtung von drei individuellen Strukturen will das VXO-Projekt die Landschaft, die Strukturformen und die örtliche Kunst in einer visuellen und räumlichen Perspektive vereinen. Das Haus V, in dem sich die Haupträume der Wohnung befinden, verfügt über ein komfortables Zimmer für die ganze Familie, in dem man Filme sehen kann. An der Decke befindet eine ausziehbare Leinwand, mit der das Wohnzimmer in ein *home cinema* verwandelt werden kann.

Via de creatie van drie individuele structuren heeft het VXO project als doel het landschap, de structurele vormen en de plaatselijke kunst integreren in een visuele en ruimtelijke fictie. Het V-huis, dat de voornaamste kamers van de woning herbergt, beschikt over een comfortabele kamer voor het hele gezin waar het kan genieten van films kijken. Een scherm dat opgerold in een box aan het plafond hangt wordt uitgerold en verandert de zitkamer in een *home cinema*.

A través de la creación de tres estructuras individuales, el proyecto VXO tiene como objetivo integrar el paisaje, las formas estructurales y el arte local en una narrativa visual y espacial. La casa V, que alberga las principales estancias de la vivienda, dispone de una confortable habitación para toda la familia en la que disfrutar viendo películas. Una pantalla enrollada dentro de un aparato situado debajo del techo se despliega para transformar la sala de estar en un *home cinema*.

Oriol Serra Residence

This three-story loft incorporates a *home cinema*, a room with a piano and a bar. Facing the windows in the living area is a screen that drops down for a private movie show. A high definition projector, some professional speakers and amplifiers guarantee high quality sound and images. A corner on the ground floor has been converted into a bar, using the stair well to store a wine rack.

Deze loft met drie verdiepingen is voorzien van een *home cinema*, een kamer met piano en bar. Tegenover de ramen van de zithoek wordt een scherm uitgerold waardoor het mogelijk is om in besloten kring van een filmvoorstelling te genieten. Een high definition projector en professionele luidsprekers en versterkers staan garant voor eersteklas geluid en kwaliteitsbeelden. Op de benedenverdieping is een hoek ingericht als bar, waarbij de opening onder de trap is benut om er een flessenrek in aan te brengen.

Dieses dreistöckige Loft enthält ein *home cinema*, ein Raum mit einem Klavier und eine Bar. Vor den Fenstern des Wohnbereichs wird eine Leinwand für eine private Filmvorführung ausgerollt. Ein HD-Projektor, professionelle Lautsprecher und Verstärker garantieren hohe Bild-und Tonqualität. Im Erdgeschoß wurde eine Ecke in eine Bar umgewandelt, und der Raum unter der Treppe beherbergt das Weinregal.

Este loft de tres pisos incorpora un *home cinema*, una sala con un piano y un bar. Frente a las ventanas de la zona de estar se baja una pantalla que permite disfrutar de una sesión privada de cine. Un proyector de alta definición, unos altavoces profesionales y unos amplificadores garantizan un sonido y una imagen de gran calidad. En la planta baja se ha transformado un rincón en un bar, aprovechando el hueco de la escalera para disponer el botellero.

To take full advantage of each space in this corner, the piano was placed opposite a desk, together with a beautiful beam of light illuminating the music sessions.

Um jede Ecke voll auszunutzen, wurde das Klavier gegenüber einem Schreibtisch neben einer eleganten Stehlampe, die die musikalischen Vorstellungen beleuchtet, aufgestellt.

Om elk van de ruimten van deze hoek optimaal te benutten, werd de piano tegenover een bureau neergezet, naast een mooie lichtinval die de muzieksessies verlicht.

Para aprovechar al máximo cada uno de los espacios de esta esquina, se colocó el piano frente a un escritorio de trabajo, junto a un hermoso caudal de luz que ilumina las sesiones musicales.

Apart from taking advantage of the spot beneath the staircase, the bar is strategically placed to enable anyone going up or down the stairs to serve themselves a drink.

De bar benut niet alleen de hoek bij de trap, maar ligt ook strategisch zodat degene die naar boven of beneden loopt een drankje kan serveren.

Abgesehen davon, dass sie den Raum unter der Treppe nutzt, befindet sich die Bar strategisch günstig, so dass jeder, der hinauf oder hinunter geht, einen Drink nehmen kann.

Además de aprovechar el rincón bajo la escalera, el bar se encuentra estratégicamente ubicado para que, quien suba o baje, pueda servirse una copa.

Rivershead Apartment

This London apartment is located in a listed building, and therefore the owner was not allowed to alter the structure in any way. Hence, it was decided to divide the space into different areas using custom-built furniture units. The modern items, including a white semicircular sofa positioned opposite a panel equipped with a triple TV screen, contrast with the classic style suggested by the décor.

Dieses Londoner Apartment befindet sich in einem denkmalgeschützten Gebäude, so dass der Eigentümer seine Struktur nicht verändern durfte. So unterteilte er den Raum durch maßgefertigte Möbel in verschiedene Bereiche. Die modernen Elemente, unter denen sich ein halbrundes weißes Sofa gegenüber einem Paneel befindet, das mit einem dreifachen Fernsehschirm ausgestattet ist, kontrastieren mit dem klassischen Stil der Dekoration.

Dit appartement in Londen is gevestigd in een beschermd gebouw, waardoor de eigenaar de structuur ervan niet mocht veranderen. Vandaar dat hij de ruimte aan de hand van op maat gemaakte meubels in verschillende zones heeft verdeeld. De moderne elementen, waaronder een halfronde witte bank die tegenover een paneel staat dat is uitgerust met een drievoudig televisiescherm, vormen een contrast met de klassieke stijl van de decoratie.

Este apartamento londinense está situado en un edificio protegido, por lo que el propietario no podía alterar su estructura. De modo que resolvió dividir el espacio en diferentes zonas mediante muebles hechos a medida. Los elementos modernos, entre los que se cuenta un sofá blanco semicircular situado frente a un panel equipado con una triple pantalla de televisión, contrastan con el estilo clásico de la decoración.

Vicente Viguera Residence

This property has a large, spacious room designed to provide an enjoyable audiovisual experience. A large square space was converted into a home cinema and music room, with high-end speakers and amplifiers and a first-rate projector and screen. The walls were decorated with unidirectional wooden sound diffusers and thick drapes that absorb the sound and create optimal acoustic and visual conditions.

In diesem Wohnhaus befindet sich ein großes Zimmer, das für audiovisuelle Erlebnisse gedacht ist. Ein großer quadratischer Raum wurde in ein *home cinema* und Musikzimmer umgestaltet, mit Hightec-Lautsprechern und erstklassigen Verstärkern, einem Projektor und einer Leinwand von hoher Qualität. Die Wände wurden mit gerichteten akustischen Diffusern aus Holz und schweren Gardinen, die den Klang absorbieren ausgestattet, die optimale akustische und visuelle Bedingungen schaffen.

Deze woning heeft een ruime kamer die is bedoeld om er van een audiovisuele ervaring te genieten. Een grote vierkante ruimte werd omgebouwd tot *home cinema* en muziekkamer, met eersteklas luidsprekers en versterkers en met een projector en scherm van topkwaliteit. De muren zijn versierd met akoestische diffusers van hout en dikke gordijnen die het geluid absorberen en optimale akoestische en visuele omstandigheden creëren.

Esta residencia alberga una amplia habitación pensada para disfrutar de una experiencia audiovisual. Un amplio espacio cuadrado fue transformado en un *home cinema* y en una sala de música, con altavoces y amplificadores de gama alta y con un proyector y una pantalla de primera calidad. Las paredes se decoraron con difusores acústicos unidireccionales de madera y espesos cortinajes que absorben el sonido y crean unas condiciones acústicas y visuales óptimas.

This impressive home cinema enables images to be enjoyed right down to the finest detail, allowing for a thorough appreciation of the photography and sound.

In deze indrukwekkende thuisbioscoop kan men genieten van alle details van de beelden en perfect de fotografie en het geluid waarnemen.

In diesem beeindruckenden Heimkinosaal kann man Bilder in äußerster Schärfe sehen und sowohl Bild wie Klang genießen.

Esta impresionante sala de cine en casa permite disfrutar de las imágenes con todo detalle, y apreciar perfectamente tanto la fotografía como el sonido.

The projection equipment has a professional layout. The screen dominates the room making it seem as if the audience is enveloped by the plot of the film.

De projectieapparatuur is professioneel verdeeld. Het scherm bepaalt de sfeer zodat het lijkt alsof de toeschouwers door de filmstrook worden ingesloten.

Die Projektionsanlagen wurden professionell aufgestellt. Die Leinwand beherrscht die Umgebung, so dass es scheint, dass der Film die Zuschauer in die Handlung einbezieht.

Los equipos de proyección están distribuidos profesionalmente. La pantalla domina el ambiente de forma que la trama de la película parece envolver a los espectadores.

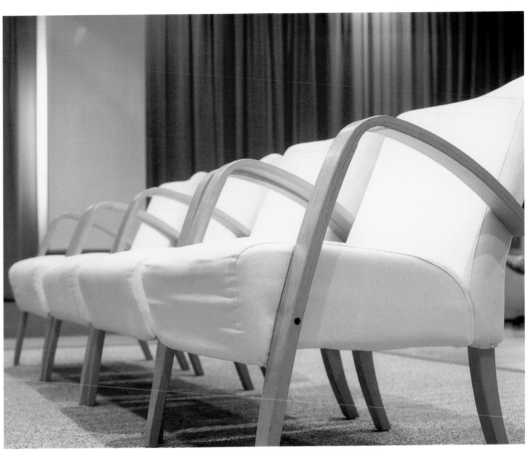

In choosing the armchairs, comfort played second fiddle to creating an atmosphere somewhat akin to that of a commercial movie theater. So the individual seats keep the audience focused on the screen.

Bij de keuze van de stoelen werd gedeeltelijk afgezien van het comfort om de kamer zoveel mogelijk te laten lijken op een bioscoopzaal. Zo zorgen de individuele stoelen ervoor dat het publiek zijn aandacht bij het scherm houdt.

Bei der Wahl der Sessel wurde zum Teil auf Bequemlichkeit verzichtet, um das Ambiente eines kommerziellen Kinosaals zu schaffen. Auf diese Weise wird durch die individuellen Sitze die Konzentration des Publikums auf die Leinwand unterstützt.

En la elección de los sillones se ha renunciado en parte a la comodidad, para acercar la experiencia a la de una sala de cine comercial. Así, los asientos individuales mantienen al público atento a la pantalla.

The cabinet holding the equipment enables it to be kept tidy while being on display for use by the owner of the house. It is made of wood and steel–two materials in harmony with the simple décor of the room.

Das Mobiliar, in dem sich die Geräte befinden, ermöglicht es, dass diese dem Hausherrn geordnet und sichtbar zur Verfügung stehen. Sie sind aus Holz und Stahl, zwei Materialien, die mit der schlichten Einrichtung des Salons harmonieren.

Het meubilair waarin de apparaten werden ondergebracht zorgt ervoor dat deze opgeruimd, in het zicht en binnen bereik van de eigenaar van het huis zijn. Ze zijn van hout en staal gemaakt, twee materialen die bij de eenvoudige inrichting van de salon passen.

El mobiliario donde se ubican los equipos permite que estén ordenados y a la vista y a disposición del dueño de la casa. Son de madera y acero, dos materiales en armonía con la sencilla decoración del salón.

The professionalism suggested by the ornamentation of this room is reflected in a classic and at the same time modern sound system, in which the turntable with its anti-shock system plays a central role.

Het vakmanschap dat in de versiering van deze zaal naar voren komt wordt weerspiegeld in een klassiek en modern geluidssysteem, waarin deze platenspeler met anti-shocksysteem in het oog springt.

Die ausgesprochene Professionalität in der Dekoration dieses Saals spiegelt sich in einem klassischen und modernen Sound-System wider, in dem dieser Schallplattenspieler mit Anti-Schock-System auffällt.

El profesionalismo que sugiere la decoración de esta sala se refleja en un sistema de sonido clásico y a la vez moderno, en el que destaca este plato con sistema antichoque.

This master bedroom includes a home cinema on the wall and recessed speakers. The projector is mounted on a partition separating the bed from the closets located behind. This division makes it possible to hide the wiring and place the projector at a suitable height for viewing the images from a comfortable position. In short, the perfect way to see movies without moving from the bed.

An einer Wand dieses Haupt-Schlafzimmers befindet sich ein *home cinema* mit eingebauten Lautsprechern. Der Projektor ist an einer Zwischenwand angebracht, die das Bett von den Schränken, die sich dahinter befinden, trennt. Durch diese Aufteilung sind die elektrischen Installationen verborgen und der Projektor befindet auf einer Höhe, die es ermöglicht, die Bilder von einer bequemen Stellung aus zu sehen. Auf jeden Fall eine perfekte Art, Filme zu sehen, ohne das Bett verlassen zu müssen.

Deze slaapkamer bevat een *home cinema* op de muur en ingebouwde luidsprekers. De projector bevindt zich op een tussenschot dat het bed van de kasten erachter scheidt. Deze scheiding maakt het mogelijk om de elektrische installatie te verbergen en de projector op een geschikte hoogte te plaatsen zodat de beelden vanaf een comfortabele positie kunnen worden bekeken. Kortom, een perfecte manier om vanuit bed films te zien.

Este dormitorio principal integra un *home cinema* en la pared y unos altavoces empotrados. El proyector está colocado en un tabique que separa la cama de los armarios situados detrás. Esta división permite ocultar la instalación eléctrica y ubicar el proyector a una altura adecuada para ver las imágenes desde una cómoda posición. En definitiva, una manera perfecta de ver películas sin moverse de la cama.

José María Santos House

In this apartment located in Barcelona, some wooden panels were designed to install a large widescreen and at the same time divide up the space. High definition speakers were mounted on the screen with images being projected from a projector suspended from the ceiling of the living room. Likewise, special shutters located near a terrace protect the interior from natural light and guarantee optimum viewing conditions.

In diesem Apartment in Barcelona wurde eine große Panorama-Leinwand in Holzpaneele eingebaut. Diese Paneele dienen auch als Raumteiler. Über der Leinwand wurden HD-Lautsprecher angebracht. Die Bilder werden mit einem Projektor, der von der Decke des Wohnzimmers hängt, projiziert. Zudem schützen bei einer Terrasse angebrachte spezielle Fensterläden den Raum vor Tageslicht und sorgen für optimale Bedingungen für die Projektion.

In dit in Barcelona gelegen appartement werden houten panelen ontworpen om een groot panoramisch scherm te installeren en tegelijkertijd de ruimte op te delen. Er werden boven het scherm high definition luidsprekers aangebracht en de beelden worden vanaf een projector die aan het plafond van de woonkamer hangt geprojecteerd. Daarnaast beschermen een aantal speciale luiken bij een terras het interieur tegen het natuurlijke licht en garanderen zo optimale visuele omstandigheden.

En este apartamento ubicado en Barcelona se diseñaron unos paneles de madera para instalar una gran pantalla panorámica y a su vez dividir el espacio. Se colocaron sobre la pantalla altavoces de alta definición, y las imágenes se proyectan desde un proyector que está suspendido del techo de la sala de estar. Asimismo, unas contraventanas especiales situadas cerca de una terraza protegen el interior de la luz natural y aseguran unas condiciones visuales óptimas.

This warm living room is bathed in natural light. In the few moments prior to or after a movie screening, this ambiance offers a number of ways to enjoy get-togethers with friends.

Dieses gemütliche Wohnzimmer ist von Tageslicht durchflutet. Vor und nach einer Filmvorführung bietet diese Umgebung viele verschiedene Möglichkeiten, Zusammenkünfte mit Freunden zu gestalten.

Deze gezellige salon baadt in natuurlijk licht. Op momenten voor of na een filmvoorstelling biedt deze ruimte vele mogelijkheden om met vrienden bij elkaar te komen en samen te genieten.

Este cálido salón está bañado de luz natural. En los momentos previos o posteriores a una sesión de cine, este ambiente ofrece múltiples maneras de disfrutar de las reuniones de amigos.

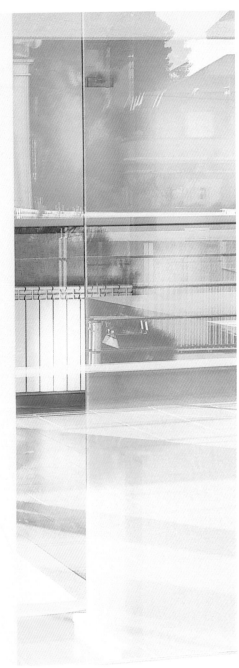

The widescreen was mounted on a wooden panel dividing up the environment and generating the ideal space for enjoying a good movie in the company of friends.

Die Panorama-Leinwand ist an einem Holzpaneel angebracht, das den Raum unterteilt und damit einen idealen Ort schafft, ab dem man zusammen mit Freunden einen guten Film sehen kann.

Het panoramische scherm werd aangebracht op een houten paneel dat de sfeer opdeelt en de ideale ruimte creëert om te genieten van een goede film in gezelschap van vrienden.

La pantalla panorámica fue colocada sobre un panel de madera que divide el ambiente y genera el espacio ideal para disfrutar de una buena película en compañía de amigos.

The wooden panel is also very functional since it contains a huge cabinet with various compartments. The audio equipment was placed above it to provide high quality sound.

Das Holzpaneel ist außerdem sehr praktisch, da es einen großen Schrank mit vielen Fächern enthält. Darüber ist die Audio-Anlage angebracht, die für hohe Klangqualität sorgt

Het houten paneel is bovendien erg functioneel om er een grote kast met diverse vakken in onder te brengen. Bovenaan werden de geluidsinstallaties aangebracht, waardoor een hoge geluidskwaliteit wordt bereikt.

El panel de madera, además, resulta muy funcional al albergar un gran armario con diversos compartimentos. Por encima, se colocaron los equipos de audio, para brindar una alta calidad de sonido.

Game Rooms, Indoor Pools and Gyms at Home

Bachelor's Game Room

This games room, which forms part of the home of a bachelor in Manhattan, features a 1941 Brunswick pool table and a side table, which can either be used for various board games or as a place to watch a game of pool. The walls, painted in rustic hues, the dark wood floors, the original lights and the mix of styles give the room an elegant contemporary look. The photographs of Tupac and Eazy-E are by Chi Modu.

In deze speelkamer, die deel uitmaakt van het huis van een vrijgezel in Manhattan, valt een Brunswick biljarttafel uit 1941 en een bijzettafel waar verschillende tafelspelletjes kunnen worden gespeeld of van waaruit een biljartwedstrijd kan worden bekeken in het oog. De grof geschilderde wanden, de vloeren van donker hout, de originele lampen en de combinatie van stijlen geven de kamer een elegante, eigentijdse uitstraling. De foto's van Tupac en Eazy-E zijn van Chi Modu.

In diesem Spielzimmer im Haus eines Junggesellen in Manhattan befinden sich ein bemerkenswerter Brunswick-Billardtisch von 1941 und ein Beistelltisch auf dem verschiedene Brettspiele gespielt werden können oder von dem aus man ein Billard-Spiel beobachten kann. Grob gestrichenen Wände, Böden aus dunklem Holz, originelle Lampen und die Kombination verschiedener Stile verleihen dem Zimmer ein elegantes, modernes Flair. Die Fotografien von Tupac und Eazy-E sind von Chi Modu.

En esta sala de juegos, que forma parte de la casa de un soltero en Manhattan, destaca una mesa de billar Brunswick de 1941 y una mesa auxiliar donde disfrutar de diferentes juegos de mesa o desde la que contemplar una partida de billar. Las paredes, pintadas toscamente, los suelos de madera oscura, las originales lámparas y la combinación de estilos confieren a la sala una elegante estética contemporánea. Las fotografías de Tupac y Eazy-E son de Chi Modu.

Island House

All the rooms in this building are oriented toward the beautiful surrounding landscape, dominated by the river and mountains. This is the case of the space reserved for the pool table, located alongside the huge windows looking out onto the garden with the swimming pool, which make this recreation area a pleasant option for enjoying time with the family or friends.

Alle Zimmer dieses Gebäudes haben Aussicht auf die es umgebende malerische Landschaft, die vom Fluss und den Bergen geprägt ist. Dies ist auch beim Billardzimmer der Fall. Der Billardtisch befindet sich vor den großen Fenstern, die auf den Garten mit dem Swimmingpool gehen. Hier kann man mit Familie und Freunden die Freizeit auf angenehmste Weise verbringen.

Alle kamers van dit gebouw kijken uit op het schilderachtige landschap waardoor het omgeven wordt en waar de rivier en de bergen de overhand hebben. Dit is ook het geval bij de ruimte die is gereserveerd voor de biljarttafel. Deze staat naast een breed raam dat communiceert met de tuin waar zich het zwembad bevindt. Hierdoor verandert deze zone in een ideale plek om er met het gezin of met vrienden van de vrije tijd te genieten.

Todas las habitaciones de este edificio están orientadas hacia el pintoresco paisaje que lo rodea, dominado por el río y las montañas. Este es el caso del espacio reservado a la mesa de billar, situado junto a los amplios ventanales que comunican con el jardín donde está la piscina, y que convierten esta zona de ocio en una agradable opción para disfrutar con la familia o los amigos.

Penthouse in Market Street

This pool room is located on the second floor of a duplex apartment in the city of San Francisco in California. A large part of the upper story is reserved for a dual purpose. On the one hand, there is a recreation area with a pool table, a bar that overlooks the lower level, and a study area. However, when necessary, it can also function as a guest room.

Dieser Billardsaal befindet sich im zweiten Stock eines doppelstöckigen Hauses in San Francisco in Kalifornien. Ein großer Teil des oberen Stockwerks dient einem doppelten Zweck. Einerseits handelt es sich um einen Freizeitbereich mit einem Billardtisch, einer Bar, von der aus man zur unteren Ebene gelangt und einem Studio. Aber wenn nötig, dient der Raum auch als Gästezimmer.

Deze biljartkamer bevindt zich op de tweede verdieping van een duplex in de stad San Francisco, in Californië. Een groot deel van de bovenverdieping heeft een dubbele bestemming. Enerzijds gaat het om een vrijetijdszone met een biljarttafel, een bar die boven de benedenverdieping uitsteekt en een studeerzone. Zo nodig fungeert deze ruimte echter ook als logeerkamer.

Esta sala de billar se encuentra en la segunda planta de un dúplex situado en la ciudad de San Francisco, en California. Gran parte del nivel superior se ha destinado a un doble uso. Por un lado, se trata de una zona de ocio que incluye una mesa de billar, una barra que se asoma al nivel inferior y una zona de estudio. No obstante, cuando es necesario también funciona como habitación de invitados.

This pool table has been integrated into a succession of environments designed for relaxation and recreation. At the back we can see a comfortable couch, together with a bar for having a few drinks.

Dieses Billard ist in einen für Entspannung und Freizeit bestimmten Bereich integriert. Im Hintergrund erkennt man ein bequemes Sofa neben einer Bar, an der man etwas trinken kann.

Dit biljart is opgenomen in een opeenvolging van ruimten bedoeld voor ontspanning en vermaak. Op de achtergrond is een comfortabele bank te zien, naast een bar waar een drankje kan worden genomen.

Este billar se ha integrado en una sucesión de ambientes concebidos para la distensión y esparcimiento. En el fondo se aprecia un cómodo sofá, junto a una barra para degustar unas copas.

Apartment in Rome

In this property the architects transformed a spacious room into a modern billiard room, which communicates with the living area via an open portico. The elegant pool table is flanked by stools with the appearance of blue and lilac velvet flowers that combine with an original lamp hanging from the ceiling. The lighting system, with its meticulous design, provides both direct and indirect light, creating a dramatic effect.

In diesem Wohnhaus verwandelten die Architekten ein weiträumiges Zimmer in einen modernen Billardsaal, der durch einen offenes Säulenportal mit dem Wohnbereich verbunden ist. Der elegante Billardtisch wird von blauen und violetten blütenförmigen Samthockern flankiert, passend zu einer originellen Deckenlampe. Die sorgfältig entworfene Beleuchtung gibt direktes und indirektes Licht und erzeugt eine theatralische Wirkung.

In deze woning bouwden de architecten een ruime kamer om tot een moderne biljartkamer die via een soort loggia verbonden is met de zithoek. Naast de elegante biljarttafel staan krukken in de vorm van blauwe en paarse fluwelen bloemen die passen bij een originele lamp die aan het plafond hangt. Het zorgvuldig ontworpen verlichtingssysteem geeft zowel direct als indirect licht en zorgt voor een theatraal effect.

En esta residencia los arquitectos transformaron una espaciosa estancia en una moderna sala de billar, que queda unida a la sala de estar a través de un pórtico abierto. La elegante mesa de billar está flanqueada por taburetes en forma de flores de terciopelo azules y lilas que combinan con una original lámpara que cuelga del techo. El sistema de iluminación, cuidadosamente diseñado, proporciona tanto luz directa como indirecta y crea un efecto teatral.

Apart from livening up the living room with their flower shapes and bright colors, the stools offer comfort and relaxation to those waiting for their turn to play.

Die Hocker verleihen dem Salon durch ihre Blütenform und die lebhaften Farben ein heiteres Aussehen und bieten den Spielern, darauf warten, dass sie an die Reihe kommen, eine bequeme Sitzmöglichkeit.

De krukken fleuren met hun bloemenvorm en felle kleuren niet alleen de salon op, maar bieden de spelers die op hun beurt wachten ook een plek om op comfortabele wijze even uit te rusten.

Los taburetes, además de alegrar el salón con su forma de flor y colores vivos, ofrecen descanso y confort a quienes esperan su turno.

From the living room it is possible to see the beautiful view afforded by the large window in the billiard room. The open portico invites people to enjoy the game and admire the scenery at the same time.

Vanuit de zitkamer heeft men prachtig uitzicht via het grote raam dat in de biljartkamer een voorname plaats inneemt. De loggia nodigt uit om te genieten van het spel en tevens van het landschap.

Vom Salon aus bietet ein großes Fenster, das den Billardsaal dominiert, eine wunderbare Aussicht. Das offene Säulenportal lädt ein, sowohl das Spiel als auch die Landschaft zu genießen.

Desde la sala de estar se puede apreciar la hermosa vista que brinda el amplio ventanal que preside la sala de billar. El pórtico abierto invita a disfrutar del juego y también del paisaje.

Pool Attic

The upper level in this house with two floors was turned into a recreation area, with a pool table occupying the center of the room. The space also has a chill out zone in one of the corners. There is a step ladder leading up to a small platform supported by wooden beams that can be used as a rest area, which offers a panoramic view of the game.

Die obere Ebene dieses zweistöckigen Hauses wurde zum Erholungsbereich, in dessen Zentrum ein Billardtisch steht. In dem Raum gibt es auch eine *chill out*-Ecke und eine Leiter, die auf eine kleine, von Holzbalken getragene Plattform führt, auf der man ausruhen kann und von der aus man eine ausgezeichnete Sicht auf das Spiel hat.

De bovenverdieping van dit huis met twee verdiepingen is veranderd in een recreatieruimte met in het midden een biljarttafel. De kamer beschikt in een van de hoeken ook over een *chill out* zone en over een trapladder die naar een klein, door houten balken gedragen platform leidt dat als rustplek fungeert en waar men panoramisch uitkijkt op het spel.

El nivel superior de esta casa de dos plantas se convirtió en una zona de entretenimiento donde una mesa de billar ocupa el centro de la estancia. El espacio también dispone de una zona *chill out* en una de las esquinas y de una escalera de mano que conduce a una pequeña plataforma sostenida por vigas de madera que sirve de lugar de descanso y que permite disfrutar de una vista panorámica de la partida.

The living room, which leads out to a balcony, has a simple style that does not clutter the space. Leather armchairs were arranged around the room, along with a sofa and cushions, and a cabinet with a stereo.

Der Salon, mit einer Tür zum Balkon, ist in einem schlichten, nicht überladenen Stil gehalten. Es gibt Ledersessel, ein Sofa mit Kissen und ein Möbelstück mit einer Musikanlage.

De salon, met een deur naar het balkon, heeft een simpele, niet overdadige stijl. Er werden leren stoelen, een bank met kussens en een meubel met een muziekinstallatie neergezet.

El salón, con salida a un balcón, tiene un estilo simple que no recarga el espacio. Se dispusieron butacas de cuero, un sofá con almohadones y un mueble con un equipo de música.

For the décor, plants and artwork were used: a small tree was placed in position so that it could enjoy the abundant natural light, along with a large portrait of a musician in the middle of his performance.

Pflanzen und Kunstwerke bilden die Dekoration: Ein kleiner Baum nutzt das reichlich vorhandene Tageslicht und ein großes Porträt zeigt einen Musiker in voller *performance*.

Voor de decoratie werd een beroep gedaan op planten en kunstwerken: een klein boompje dat veel natuurlijk licht krijgt en een groot portret van een muzikant midden in zijn *performance*.

Para la decoración, se recurrió a la vegetación y a las obras de arte: se colocó un pequeño árbol que disfruta de la abundante la luz natural y un gran retrato de un músico en plena actuación.

Playroom

A pool table, percussion instruments and large ottomans decorate this adult games room, which offers its owners the opportunity to carry out a number of activities in their free time. The drums are located on a circular platform, which creates a theatrical environment and enables the person playing to feel as if they were on stage.

Dieses Spielzimmer für Erwachsene, das den Besitzern die verschiedensten Freizeitaktivitäten ermöglicht, ist mit einem Billardtisch, Perkussionsinstrumenten und großen Sitzkissen eingerichtet Das Schlagzeug befindet sich auf einem runden Podium, das eine Theater-Atmosphäre erzeugt und dem Musiker das Gefühl gibt, dass er sich auf einer Bühne befindet.

Deze speelkamer voor volwassen, die de eigenaars in de gelegenheid stelt om tijdens hun vrije tijd een keur van activiteiten te doen, is ingericht met een biljarttafel, slaginstrumenten en grote poefs. Het drumstel staat op een rond platform waardoor een theatrale sfeer ontstaat en degene die het bespeelt het gevoel krijgt dat hij op een podium staat.

Una mesa de billar, instrumentos de percusión y grandes pufs decoran esta sala de juegos para adultos, que ofrece a sus propietarios la posibilidad de realizar una gran variedad de actividades durante su tiempo libre. La batería está situada sobre una tarima circular que crea un ambiente teatral y permite al intérprete sentirse como si estuviera en un escenario.

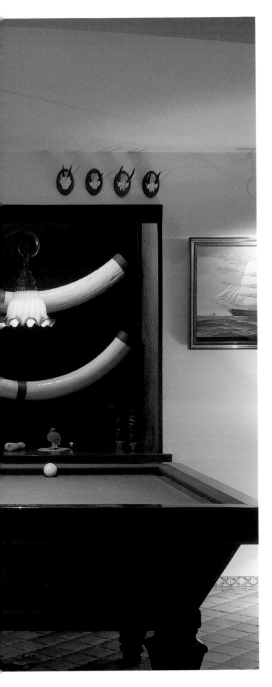

Summer House

This house is the second home used by a family during the summer months and for their vacation. Inherited by the children from an avid hunter, the house has a games room with a pool table located inside a heavily decorated interior room. The space was also designed as a large room for exhibiting the extensive collection of hunting trophies obtained by the father over the course of more than thirty years.

Dieses Haus ist die Zweitwohnung einer Familie während der Ferien und der Sommermonate. Das verschwenderisch ausgestatte Haus, das die Kinder eines passionierten Jägers erbten, beherbergt ein Spielzimmer mit einem Billardtisch. In diesem weitläufigen Saal ist auch die umfangreiche Sammlung von Jagdtrophäen ausgestellt, die der Familienvater in mehr als dreißig Jahren angelegt hat.

Dit huis wordt tijdens vakanties en de zomermaanden door een gezin als tweede woning gebruikt. De kinderen hebben het geërfd van een begerige jager. Het is voorzien van een speelkamer met een weelderig ingericht interieur waar een biljarttafel staat. De ruimte werd ook ontworpen tentoonstellingsruimte voor de grote collectie jachttrofeeën die in de jaren dertig door de vader van het gezin zijn gewonnen.

Esta casa es la segunda residencia de una familia durante las vacaciones y los meses de verano. Heredada por los hijos de un ávido cazador, la casa alberga una sala de juegos con una mesa de billar situada en un interior profusamente decorado. El espacio también fue concebido como una gran sala donde exhibir la amplia colección de trofeos de caza conseguidos por el padre de familia durante más de treinta años.

Together with the pool table, a sofa with three seats was placed in the room with a small table for drinks. This space can accommodate a large number of diners while they watch and cheer on the players.

Naast de biljarttafel werd een driezitsbank en een tafeltje voor drankjes gezet. Deze kamer biedt ruimte voor veel mensen om naar de biljartpartij te kijken en de spelers aan te moedigen.

Neben dem Billardtisch wurden ein dreisitziges Sofa und ein kleiner Tisch für die Getränke aufgestellt. Dieser Raum fasst eine große Zahl von Gästen, die eine Partie verfolgen und die Spieler anfeuern können.

Junto a la mesa de billar, se colocó un sofá de tres cuerpos y una mesita para las bebidas. Este espacio puede albergar a un buen número de comensales mientras observan y alientan la partida.

The lighting in the living room also has a functional role to play in creating the right environment. The classic lamps above the table cast more light on the game and the bulbs inside the cabinet draw people's attention to the collection of fossils.

De verlichting van de salon is ook een functioneel onderdeel van de decoratieve stijl. De klassieke lampen boven de tafel belichten het spel en de spotlights in de kast nodigen uit om de verzameling fossielen te bekijken.

Die Beleuchtung bildet ebenfalls ein wichtiges funktionelles Stilelement der Einrichtung. Die klassischen Lampen über dem Tisch erhellen das Spiel und die Fokuslampen im Schrank laden dazu ein, die Fossiliensammlung zu betrachten.

La iluminación del salón también es parte funcional del estilo decorativo. Las lámparas clásicas sobre la mesa conceden claridad al juego y, en el armario, los focos invitan a contemplar la colección de fósiles.

Industrial House

This project, which has been adapted from an industrial area into a loft for an artist, is characterized by extensive open spaces that can be used both for living purposes and for work. A games room with a ping-pong table has been included in one of the areas on the ground floor. Given its size and industrial look, it can also be used as an indoor games room for the kids, and there's no need to worry about whether they scratch the floor or the furniture.

Dit project, het ombouwen van een fabrieksruimte tot loft voor een kunstenaar, wordt gekenmerkt door grote open ruimten die kunnen worden gebruikt om er te wonen of om er te werken. In een van de zones van de begane grond is een speelkamer met een pingpongtafel ingericht. Vanwege de ruimte en de industriële stijl kan hij ook gebruikt worden als overdekte speelkamer voor de kinderen, waar men zich geen zorgen hoeft te maken dat ze op de vloer of de meubels krassen maken.

Dieses Projekt, der Umbau einer Industriehalle in ein Loft für einen Künstler, zeichnet sich durch große, offene Räume aus, in denen man wohnen und arbeiten kann. Ein einem der Bereiche des Erdgeschosses wurde in Spielzimmer mit einem Tischtennis-Tisch eingerichtet. Wegen seiner Größe und der industriellen Bauweise kann man das Spielzimmer auch als Kinderzimmer nutzen und muss sich keine Sorgen machen, dass sie den Boden oder die Möbel verkratzen.

Este proyecto, la adaptación de un espacio industrial en un *loft* para un artista, se caracteriza por amplios espacios abiertos que pueden emplearse tanto para vivir como para trabajar. En una de las zonas de la planta baja se ha ubicado un cuarto de juegos con una mesa de ping-pong. Dada su amplitud y su estilo industrial, también puede destinarse a sala de juegos cubierta para los niños, en la que no hay que preocuparse de si rayan el suelo o los muebles.

Switalski House

This house includes a table football in the living room, near the French windows leading out into the garden. The table football is an ideal game for the youngest members of the family to enjoy themselves after school and on the weekend, but adults can also enjoy it during get-togethers or dinner evenings. In addition, it can also be turned into another item of the interior decorating, as it is the perfect match for the neutral color scheme in the floor and furniture.

Im Wohnzimmer dieses Hauses befindet sich bei den Glastüren, die zum Garten führen, ein Tischfußball-Tisch. Tischfußball ist ein ideales Spiel für die Jüngsten, die sich nach der Schule und an den Wochenenden damit vergnügen können, aber auch die Erwachsenen spielen an geselligen Abenden gerne damit. Außerdem bildet es ein weiteres dekoratives Einrichtungselement, da es perfekt zu den neutralen Farben des Bodens und der Möbel passt.

Dit huis heeft een tafelvoetbalspel in de woonkamer, dichtbij glazen tuindeuren. Tafelvoetbal is een ideaal spel voor de kinderen die zich er na school of in het weekend mee vermaken, maar ook volwassenen kunnen er tijdens etentjes van genieten. Daarnaast verandert het in een extra element binnen de interieurdecoratie, aangezien de tafel perfect past bij de neutrale kleuren van de vloer en van de meubels.

Esta casa incorpora un futbolín en el salón, cerca de las puertas de cristal que conducen al jardín. El futbolín es un juego ideal para que los más jóvenes se diviertan después de la escuela y durante los fines de semana, pero también los adultos pueden disfrutar de él durante reuniones o cenas. Además, se transforma en un elemento más de la decoración interior, ya que combina perfectamente con la paleta de colores neutros del suelo y de los muebles.

Country House

Billiard rooms nearly always feature a traditional design comprising antique furniture, dark wood and muted tones. This room is an obvious example, decorated in a traditional style with a sober color scheme. Details like the green lamps above the table and the benches with tartan upholstery help create an authentic atmosphere for playing pool or billiards at home.

Billardzimmer sind fast immer von einer traditionellen Einrichtung mit antiken Möbeln, dunklem Holz und gedämpften Farben geprägt. Dieser in traditionellem Stil mit gedeckten Farben eingerichtete Raum ist ein gutes Beispiel dafür. Details wie die grünen Lampen über dem Tisch und die mit schottisch karierten Stoffen bezogenen Schemel sorgen bei einer Billard-Partie im Haus für eine authentische Atmosphäre.

Biljartkamers worden bijna altijd gekenmerkt door een traditioneel ontwerp met klassieke meubels, donker hout en doffe kleuren. Dit vertrek is een duidelijk voorbeeld daarvan. Het is ingericht in een traditionele stijl met een sober kleurengamma. Details zoals de groene lampen boven de tafel en de banken die bekleed zijn met Schots geruite stoffen dragen bij aan de creatie van een authentieke sfeer om een partijtje biljart te spelen.

Las salas de billar casi siempre se caracterizan por un diseño tradicional formado por muebles antiguos, madera oscura y tonos apagados. Esta estancia es un claro ejemplo de ello, decorada con un estilo tradicional y con una paleta de colores sobrios. Detalles como las lámparas verdes situadas sobre la mesa y los bancos tapizados con tela de cuadros escoceses contribuyen a crear una atmósfera auténtica para jugar una partida de billar en casa.

Table Tennis

Rooms with high ceilings are the most appropriate for many games, particularly table tennis, as you have to hit a ball and keep moving about the room all the time. Even if the surface area of the room is quite small, the high ceilings can help create a feeling of space and offer a comfortable environment with considerably more light.

Räume mit hohen Decken sind für viele Spiele bestens geeignet, vor allem für Tischtennis, ein Spiel, bei dem man einen Ball schlagen, und sich ständig durch das ganze Zimmer bewegen muss. Selbst wenn die Grundfläche des Saals relativ klein ist, können hohe Decken einen weiträumigen Eindruck erzeugen und sorgen für ein komfortables helles Umfeld.

Kamers met hoge plafonds zijn zeer geschikt voor allerlei spelen, in het bijzonder voor tafeltennis, aangezien hier tegen een bal moet worden geslagen en men zich constant door de kamer moet bewegen. Zelfs als de oppervlakte van de zaal betrekkelijk klein is, kunnen hoge plafonds een gevoel van ruimte geven en voor een comfortabele omgeving met meer licht zorgen.

Las estancias con techos altos son las más adecuadas para muchos juegos, especialmente el tenis de mesa, ya que obliga a golpear una pelota y a moverse constantemente por la habitación. Incluso si la superficie de la sala es relativamente pequeña, los techos altos pueden contribuir a crear una sensación de amplitud y a proporcionar un entorno confortable con una mayor luminosidad.

Brock House

This large room on the corner of the house was used as a toy room by the young couple's son. In other words, an area was set aside exclusively to keep puppets and other toys. If there is enough space, a table football can be a good option for entertaining not only the kids but also the adults as well.

Dieses geräumige Eckzimmer eines Hauses wurde zum Spielzimmer für das Kind eines jungen Paares bestimmt und so wurde ein ganzer Bereich für die Aufbewahrung der Puppen und anderer Spielzeuge reserviert. Es gibt viel Platz und ein Tischfußballgerät bietet eine gute Unterhaltungsmöglichkeit für Kinder und Erwachsene.

Deze grote kamer in een hoek van het huis werd ingericht als speelkamer voor het kind van een jong stel. Hiermee werd een ruimte gecreëerd die volledig is bestemd voor het bewaren van poppen en ander speelgoed. Als men over ruimte beschikt, is een tafeltennisspel een goede optie voor vermaak van kinderen en van volwassenen.

Esta amplia habitación situada en una esquina de la casa se destinó a cuarto de juegos para el hijo de una joven pareja, con lo que se creó un área enteramente destinada a guardar los muñecos y otros juguetes. Si se dispone de espacio, un futbolín se convierte en una buena opción de entretenimiento tanto para niños como para mayores.

Hermitage House

The top floor in this house in London was converted into an audiovisual and recreation room, which includes a modern pool table, a huge screen and a sophisticated music center. The speakers, designed by Artcoustic, are hidden behind the screen, while the projector is concealed within a side table. The low furniture and large ottomans accentuate the room's informal atmosphere.

Das Dachgeschoss eines Londoner Hauses wurde in einen Freizeit- und Audio-Video-Saal verwandelt, mit einem modernen Billardtisch, einer großen Projektionsleinwand und einer anspruchsvollen Musikanlage. Die von Artcoustic entworfenen Lautsprecher sind hinter der Leinwand verborgen und der Projektor ist unsichtbar innerhalb eines Beistelltischs angebracht. Die niedrigen Möbel und die großen Sitzkissen betonen die unkonventionelle Atmosphäre dieses Raumes.

De bovenste verdieping van dit huis in Londen werd omgebouwd tot een audiovisuele en vrijetijdszaal met een moderne biljarttafel, een groot projectiescherm en een geraffineerde muziekinstallatie. De door Artcoustic ontworpen luidsprekers zijn verborgen achter het scherm, terwijl de projector in een bijzettafel wordt verdoezeld. De lage meubels en grote poefs benadrukken de informele sfeer van het vertrek.

El último piso de esta casa de Londres se transformó en una sala audiovisual y de ocio que incluye una moderna mesa de billar, una gran pantalla de proyección y un sofisticado equipo de música. Los altavoces, diseñados por Artcoustic, están ocultos detrás de la pantalla, mientras que el proyector se disimula dentro de una mesa auxiliar. Los muebles bajos y los grandes pufs enfatizan la atmósfera informal de la estancia.

Hampstead House

This space accommodates a pool table in a house with a modern look thanks to a contemporary cabinet with original lighting, and a smart, discreet stereo designed by Artcoustic. The comfortable armchairs and neutral design generate a relaxed atmosphere in which the owners can have a game while listening to music through high quality speakers.

In diesen Raum eines modernen Hauses, das mit aktuellem Mobiliar und einer originellen Beleuchtung eingerichtet ist, befinden sich ein Billardtisch und eine von Artcoustic entworfene elegante und diskrete Musikanlage. Die komfortablen Sessel und das neutrale Design schaffen eine entspannte Atmosphäre, in der die Besitzer eine Partie spielen und gleichzeitig Musik aus Lautsprechern von hoher Qualität hören können.

Deze ruimte bevindt zich in een modern huis dankzij het eigentijdse meubilair en een originele verlichting en is voorzien van een biljarttafel. Daarnaast is de kamer uitgerust met een elegante en discrete geluidsinstallatie ontworpen door Artcoustic. Door de comfortabele fauteuils en het neutrale ontwerp ontstaat een ontspannen sfeer waarin de eigenaars een partijtje kunnen spelen terwijl ze via topklasse luidsprekers naar muziek luisteren.

Este espacio integra una mesa de billar en una moderna casa gracias a un mobiliario actual y a una iluminación original, e incorpora un equipo de sonido elegante y discreto diseñado por Artcoustic. Los confortables sillones y el diseño neutro generan una atmósfera relajada en la que los propietarios pueden jugar una partida mientras escuchan música a través de unos altavoces de alta definición.

The living area has a full array of audiovisual equipment, which includes a dropdown screen, a surround sound system, a projector and a plasma TV screen. A portable seat has also been installed as a console turning the whole room into a PlayStation. This installation enables the player to go on a stimulating journey through the game projected on the screen in an experience that is very true to life.

De zithoek is uitgerust met een complete audiovisuele installatie met een uitvouwbaar scherm, een surround muzieksysteem, een projector en een plasma tv. Daarnaast is er een draagbare stoel als console geïnstalleerd die de hele kamer in een PlayStation verandert. Dankzij deze installatie kan de speler aan de hand van de spelletjes die op het scherm worden geprojecteerd genieten van een stimulerende reis die verandert in een bijna levensechte ervaring.

Der Wohnbereich ist mit einer kompletten Audio-Video-Anlage ausgestattet, die aus einer ausziehbaren Leinwand, einem Surround-Sound-System, einem Projektor und einem Plasma-Fernsehgerät besteht. Außerdem wurde ein tragbarer Sitz für Spielkonsolen installiert, der den gesamten Salon in eine PlayStation verwandelt. Diese Einrichtung ermöglicht dem Spieler eine reizvolle, fast lebensechte Reise durch die auf die Leinwand projizierten Spiele.

La sala de estar cuenta con un completo equipo audiovisual que incluye una pantalla desplegable, un sistema de sonido envolvente, un proyector y un televisor de plasma. Asimismo, se ha instalado un asiento portátil para consola que convierte todo el salón en una PlayStation. Esta instalación permite que el jugador disfrute de un estimulante viaje a través de los juegos proyectados en la pantalla en una experiencia casi real.

The PlayStation console also has a seat, steering wheel and even pedals to make the virtual experience seem even more real.

Die PlayStation-Konsole wird durch einen Sitz, Lenkrad und sogar Pedale ergänzt, damit das virtuelle Erlebnis wirklichkeitsnäher wird.

De console van de PlayStation wordt aangevuld met een stoel, stuur en pedalen, zodat de virtuele ervaring nog echter lijkt.

La consola de PlayStation se complementa con asiento, volante y hasta pedales, para hacer más real la experiencia virtual.

In this room, the various electronic entertainment devices are positioned in such a way that several people can enjoy their favorite recreational pursuits at the same time.

In deze kamer zijn de verschillende elektronische recreatietoestellen zodanig neergezet dat de mensen tegelijk van hun favoriete activiteiten kunnen genieten.

In diesem Saal sind die verschiedenen elektronischen Spiele so aufgestellt, dass mehrere Personen gleichzeitig ihren Lieblingsvergnügungen nachgehen können.

En esta sala, los distintos aparatos de ocio electrónico están ubicados de forma que varias personas puedan disfrutar, simultáneamente, de sus diversiones favoritas.

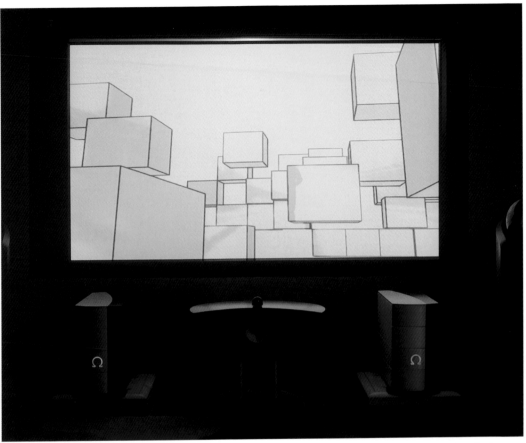

When a game is in progress, the lighting on the screen creates an ideal ambiance helping the player enter the virtual reality.

Tijdens het spel creëert de verlichting van het scherm een ideale sfeer die de speler helpt op te gaan in de virtuele werkelijkheid.

Während eines Spiels erzeugt der erhellte Bildschirm ein ideales Ambiente, das dem Spieler hilft, sich in die virtuelle Wirklichkeit hineinzubegeben.

En el momento de una partida, la iluminación de la pantalla crea una ambientación ideal que ayuda al jugador a meterse en la realidad virtual.

The widescreen for the projector is flanked by
an impressive surround sound system. Three
speakers and two consoles maximize the
audiovisual experience.

Die große Projektionsleinwand ist von einem
beeindruckenden Surround-Sound-System
umgeben. Drei Lautsprecher und zwei
Konsolen verstärken das audiovisuelle Erlebnis.

Naast het grote scherm voor de projector staat
een indrukwekkend surround geluidssysteem.
Drie luidsprekers en twee consoles versterken
de audiovisuele ervaring maximaal.

La gran pantalla para el proyector se encuentra
flanqueada por un imponente sistema de
sonido envolvente. Tres altavoces y dos
consolas potencian al máximo la experiencia
audiovisual.

A plasma TV screen was placed in another part of the room, accompanied by a DVD player and audio equipment. A white leather armchair offers a place to get comfortable and enjoy the show.

In einem anderen Bereich des Salons wurde ein Plasma-Fernsehgerät mit DVD-Spieler und Audio-Anlage aufgestellt. Ein weißer Ledersessel lädt dazu ein, es sich bequem zu machen und die Filme anzuschauen.

In een ander deel van de kamer werd een plasma tv, een dvd-speler en audioapparatuur neergezet. De witte leren fauteuil biedt een plek om lekker te gaan zitten en van de beelden en muziek te genieten.

En otra área de la sala se colocó una televisión de plasma, acompañada de un reproductor de DVD y equipos de audio. Un sillón de cuero blanco ofrece un lugar donde acomodarse para disfrutar de la música y las películas.

Slice House

This swimming pool, which is not completely indoors as it is accessed from the balcony outside, was designed as a visual element that would offer the occupants of the property a voyeuristic experience. The glass structure filters the natural light, creating undulating reflections during the daytime and strange effects at night. The visual display is a unique experience that is hardly ever seen in private pools.

Dit zwembad, dat zich op een buitenbalkon bevindt en niet geheel overdekt is, werd ontworpen als visueel element dat de bewoners van het huis iets voyeuristisch geeft. De glazen structuur filtert het natuurlijke licht en creëert golvende weerspiegelingen overdag en bijzondere effecten in het donker. Het visuele spektakel is een unieke ervaring die bij privézwembaden weinig gebruikelijk is.

Dieser Swimmingpool, der nicht vollständig überdacht ist, da er von einem Außenbalkon aus zugänglich ist, wurde als visuelles Element entworfen, das den Bewohnern des Hauses ein besonderes optisches Erlebnis bietet. Die gläserne Struktur filtert das Tageslicht und erzeugt wellenförmige Reflexe am Tag und eigenartige Effekte in der Nacht. Dieses Schauspiel bedeutet ein besonderes, für private Swimmingpools ungewöhnliches Erlebnis.

Esta piscina, cubierta solo parcialmente ya que su acceso está situado en un balcón exterior, fue concebida como un elemento visual que proporcionara una experiencia *voyeur* a los habitantes de la casa. La estructura de cristal filtra la luz natural, creando reflejos ondulantes durante el día que y curiosos efectos por la noche. El espectáculo visual constituye una experiencia única poco común en las piscinas privadas.

Skyline Residence

This property is a family residence that consists of a main building and a guest house. The construction of both buildings was based on a series of light parameters designed to organize the space. So as to take advantage of the space existing between the main house and outhouse for the guests, an entertainment area was created, using certain parts of the façades as a screen for projecting movies.

Dieses Einfamilienhaus besteht aus einer Hauptwohnung und einem Gästehaus. Beide Gebäude wurden von einer Reihe von Licht-Parametern ausgehend errichtet, die die Raumaufteilung bestimmten. Um den Raum zwischen dem Haupthaus und dem Gästehaus zu nutzen, wurde ein Unterhaltungsbereich geschaffen, wobei Teile der Fassaden als Projektionsfläche für Filme genutzt werden.

Deze woning is een gezinseenheid die bestaat uit een hoofdwoning en een huis voor logees. Voor de indeling van de ruimte werden beide gebouwen gebaseerd op een serie lichtparameters. Teneinde de ruimte tussen het hoofdhuis en dat van de logees te benutten, werd een recreatiezone gecreëerd en werden bepaalde delen van de gevels gebruikt als drager voor de projectie van films.

Esta residencia es una unidad familiar que consta de una vivienda principal y de una casa de huéspedes. Ambos edificios se construyeron a partir de una serie de parámetros lumínicos para la organización del espacio. Con el fin de aprovechar el espacio existente entre la casa principal y la de huéspedes, se creó una zona de esparcimiento, utilizando ciertas partes de las fachadas como soporte para la proyección de películas.

One of the walls in the guest house has been used as an outdoor movie screen, which can be seen from the main building.

Eine der Wände des Gästehauses wird als Projektionswand für Freilichtkino genutzt, das von dem Hauptraum der Wohnung aus gesehen werden kann.

Een van de wanden van het gastenverblijf is gebruikt als filmprojectiescherm in de open lucht, zichtbaar vanaf het hoofddeel van de woning.

Una de las paredes de la casa de invitados ha sido utilizada como pantalla de proyección de cine al aire libre, visible desde el volumen principal de la vivienda.

Reeves Mews

In the elegant Mayfair district of London, a young owner converted two dilapidated houses, which had originally been stables, into a modern home. In the basement, the architects used the existing stone walls to build a swimming pool, surrounded by a series of columns, lending the space the appearance and atmosphere of an archeological ruin. A large skylight also allows plenty of natural light to penetrate the building.

In dem eleganten Londoner Stadtteil Mayfair verwandelte ein junger Eigentümer zwei verfallene Reihenhäuser, die ursprünglich Ställe gewesen waren, in ein modernes Wohnhaus. Im Keller nutzten die Architekten die steinernen Wände für die Konstruktion eines Swimmingpools, der durch eine Säulenreihe eingerahmt wird; die dem Raum das Ausseihen und die Atmosphäre einer archäologischen Ruine geben. Ein großes Oberlicht lässt reichlich Tageslicht ein.

In de elegante Londense wijk Mayfair veranderde de jonge eigenaar twee gehavende villa's die vroeger stallen waren geweest in een moderne woning. In de kelder maakten de architecten gebruik van de bestaande stenen muren om er een zwembad aan te leggen met daar omheen een serie zuilen die de ruimte eruit laten zien als een archeologische ruïne. Daarnaast schijnt door een groot dakraam veel natuurlijk licht naar binnen.

En el elegante distrito londinense de Mayfair, un joven propietario convirtió dos deteriorados chalets, que originariamente habían sido establos, en una moderna residencia. En el sótano, los arquitectos aprovecharon las paredes de piedra existentes para construir una piscina, enmarcada por una serie de columnas que confieren al espacio la apariencia y el ambiente de una ruina arqueológica. Asimismo, un gran tragaluz proporciona abundante luz natural al interior.

Indoor Pool

This spectacular pool occupies the central part of a property measuing 370 m² (3,980 sq ft), and enjoys the light and views typical of a two-story building. Its open plan and perfect harmony with the main rooms in the building leads to an intriguing interaction between the people in the pool and those in the adjacent area.

Dieser spektakuläre Swimmingpool nimmt den zentralen Bereich einer Wohnung von 370 m² ein und verfügt dank einer doppelten Raumhöhe über Licht und Aussicht. Seine offene Gestaltung und die perfekte Harmonie mit den Haupträumen ermöglichen einen fröhlichen Austausch zwischen den Personen im Swimmingpool und denen, die sich in dem angrenzenden Raum befinden.

Dit spectaculaire zwembad neemt het middendeel van een woning van 370 m² in beslag en heeft veel licht en uitzicht op een dubbelhoge ruimte. De open opbouw en perfecte harmonie met de voornaamste vertrekken maken een leuke wisselwerking tussen degenen die zich in het zwembad en de mensen die zich in de aangrenzende ruimte bevinden mogelijk.

Esta espectacular piscina ocupa el área central de una residencia de 370 m², y disfruta de la luz y de las vistas propias de un espacio de doble altura. Su configuración abierta y su perfecta armonía con las estancias principales permiten una interacción divertida entre los que se encuentran dentro de la piscina y los que están en el espacio adyacente.

Pool and Slide

This interior, which functions as a recreation area for a number of activities and has a widescreen and some speakers designed by Artcoustic, contains a swimming pool with a spiral water chute. The chute is accessed by means of an intermediate gangway and is suspended from the ceiling so as not to obstruct the area around the pool. The swimmers can enjoy themselves in the pool while listening to music or watching a movie.

Dieser Innenraum, der als Freizeitraum für verschiedenste Aktivitäten dient und in dem sich ein Panorama-Bildschirm und Artcoustic-Lautsprecher befinden, beherbergt einen großen Swimmingpool mit einer spiralförmigen Rutschbahn. Über eine Zwischenebene hat man Zugang zu der Rutschbahn, die von der Decke hängt, damit sie die Umgebung des Swimmingpools nicht beeinträchtigt. Die Schwimmer können den Pool genießen und gleichzeitig Musik hören oder einen Film sehen.

Dit vertrek, dat als vrijetijdsruimte voor allerlei activiteiten fungeert en over een panoramisch scherm en door Artcoustic ontworpen luidsprekers beschikt, herbergt een groot zwembad met spiraalvormige glijbaan. Men bereikt hem door middel van een tussenverdieping, die aan het plafond hangt zodat de omgeving van het zwembad niet wordt belemmerd. De zwemmers kunnen er lekker naar muziek luisteren of naar een film kijken.

Este interior, que funciona como un espacio de ocio para múltiples actividades y dispone de una pantalla panorámica y unos altavoces diseñados por Artcoustic, alberga una gran piscina con un tobogán y espiral. Al tobogán se accede mediante un nivel intermedio y queda suspendido del techo para no obstaculizar los alrededores de la piscina. Los nadadores pueden disfrutar del baño mientras escuchan música o miran una película.

Sheldon Avenue

Indoor pools have always been considered to be a special part of a home due to their unique setting inside the building and to the fact that they can be used any day of the year. This pool installed in the basement has a structure that is partly glazed over on the garden side and connects visually with the floor above by means of a huge sheet of structural glass on the floor at the entrance.

Überdachte Swimmingpools wurden immer als besonderer Teil einer Wohnung betrachtet, da sie sich im Inneren befinden und weil man sie jeden Tag des Jahres nutzen kann. Dieser Swimmingpool im Keller wird teilweise durch eine Glaswand zum Garten hin abgeschlossen und ist optisch mit dem oberen Stockwerk durch ein großes Blatt aus Strukturglas, das sich am Boden des Eingangs befindet, verbunden.

Van overdekte zwembaden werd altijd gedacht dat ze een bijzonder deel van een woning waren vanwege hun unieke interieur en het feit dat men er elke dag van het jaar van kan genieten. Dit zwembad in de kelder heeft een gesloten structuur, deels door een tuinraam, en is visueel verbonden met de bovenverdieping door een grote structurele glasplaat op de vloer van de ingang.

Las piscinas cubiertas siempre se han considerado una parte especial de una vivienda gracias a su escenario único y al hecho de que pueden disfrutarse cualquier día del año. Esta piscina instalada en el sótano presenta una estructura cerrada en parte por una cristalera que da al jardín y está conectada visualmente con el piso superior mediante una gran hoja de cristal estructural situada en el suelo de la entrada.

Oval Room and Pool

This recreation area is located on the top floor of an old, dilapidated warehouse in a semi-industrial district in Prahran, Australia, which has been converted into a family residence for a couple and their three children. Inserted in the space were some sculptural forms, such as an oval room, which reinterpret and generate new lifestyles. The room has been turned into an unexpected, comfortable chill out area, ideal for relaxing after having a swim in the pool, which is lit up in red, giving it a really dramatic effect.

Dieser Freizeitbereich befindet sich im letzten Stockwerk eines alten, verfallenen Gebäudes, das als Lagerhauses gedient hatte, in einem halbindustriellen Stadtteil von Prahran (Vorort von Melbourne) in Australien. Das Haus wurde in ein Wohnhaus für eine Familie mit drei Kindern umgebaut. In diesen Raum wurden Skulpturen aufgestellt und ein ovaler Salon eingefügt, was neue Interpretationen und Lebensstile ermöglicht. Das Zimmer wurde zu einen komfortablen und überraschenden *chill out*-Bereich umgestaltet, ideal zum entspannen, nach einem Bad in dem großen Swimmingpool, dessen rote Beleuchtung ihm einen theatralischen Effekt verleiht.

Deze vrijetijdszone bevindt zich op de bovenste verdieping van een voormalig bouwvallig magazijn, in een semi-industriële wijk in Prahran, in Australië, omgebouwd tot woning voor een gezin met drie kinderen. In deze ruimte werden structurele vormen opgenomen, zoals een ovaalvormige zaal die nieuwe levensstijlen opnieuw interpreteert en mogelijk maakt. Zij is veranderd in een comfortabele, onverwachte *chill out*, ideaal om er na een duik in het zwembad even te ontspannen. De rode verlichting geeft deze ruimte een theatraal effect.

Esta zona de ocio está situada en el último piso de un antiguo y destartalado almacén en un barrio semiindustrial en Prahran, en Australia, convertido en una residencia familiar para una pareja y sus tres hijos. En este espacio se insertaron formas esculturales, como una sala ovalada que reinterpreta y posibilita nuevos estilos de vida. La habitación se ha transformado en un confortable e inesperado *chill out*, ideal para relajarse después de darse un baño en la gran piscina iluminada de rojo, que le da un efecto teatral.

This setting, suggesting a search for a new style of room, was designed as a large, empty space. Here the family occupying the house create their own dynamic for moving around the building.

Dieses Ambiente wurde im Rahmen der Suche nach einer neuen Art zu wohnen, als weitläufiger leerer Raum konzipiert. Hier entwickelt die Familie ihre eigene Dynamik.

Dit vertrek met een bijzondere stijl is ontworpen als grote lege ruimte. Hier creëert het gezin dat er woont zijn eigen omloopdynamiek.

Este ambiente, como propuesta hacia la búsqueda de nuevos estilos habitacionales, se ha concebido como un amplio espacio vacío. Aquí, la familia residente crea su propia dinámica de circulación.

The chill out space, designed to complement the swimming pool, was designed in the shape of an oval room with two entrances, using the architectural foundations of the old warehouse.

Der *chill out*-Bereich, der den Swimmingpool ergänzt, wurde unter Einbeziehung der Fundamente des ehemaligen Lagerhauses als ovaler Salon mit zwei Eingängen entworfen.

De *chill out*-ruimte, die is ontworpen als aanvulling op het zwembad, werd in de vorm van een ovalen zaal met een dubbele ingang ontworpen. Daarbij werd gebruik gemaakt van de architectonische funderingen van het voormalige magazijn.

El espacio *chill out*, pensado con el fin de complementar a la piscina, se diseñó en forma de sala ovalada de doble entrada, utilizando los cimientos arquitectónicos del antiguo almacén.

This oval space, decorated in red with various shades and textures, is just asking us to relax and enjoy ourselves. After having a swim, it is the ideal place to chill out.

Dieser ovale Raum, der in Rottönen und mit verschiedenen Texturen dekoriert ist, lädt zur Entspannung und Erholung ein. Nach dem Schwimmen ist er ein idealer Ort zum ausruhen.

Deze ovaalvormige, met rode tinten en diverse texturen versierde ruimte nodigt uit tot ontspanning. Na het zwemmen is het de ideale plek om uit te rusten.

Este espacio ovalado ornamentado con tonos rojos y diversas texturas invita al relax y a la distensión. Después de nadar, es un lugar ideal para el descanso.

The building's industrial past led to spaces being laid out like a loft. It is an ideal place to share moments and is also very good at facilitating the passage of the guests to the building.

Die Industrie-Vergangenheit des Gebäudes motivierte die Aufteilung des Raumes nach der Art eines Loft. Es ist ideal, um Zeit zusammen zu verbringen und erweist sich auch als bequem und komfortabel für Gäste.

Het industriële verleden van het gebouw zette ertoe de ruimte als een soort loft in te richten. Het is ideaal om er momenten te delen en daarnaast kunnen gasten er gemakkelijk rondlopen.

El pasado industrial del edificio motivó una disposición de los espacios tipo *loft*. Esta distribución favorece la convivencia y al mismo tiempo la circulación de los invitados.

The exposed beams and the industrial decoration create a unique climate with its own special effects. The swimming pool was lit up in red, just like the chill out area.

Die sichtbaren Balken und das Industrie-Design schaffen ein besonderes und wirkungsvolles Ambiente. Der Swimmingpool ist wie der *chill out*-Saal rot beleuchtet.

De zichtbare balken en de industriële decoratie creëren een zeer bijzonder en effectvol klimaat. Het zwembad werd rood verlicht, net als de *chill out*-ruimte.

Las vigas a la vista y la decoración industrial crean un clima muy particular y efectista. La piscina se iluminó de color rojo, al igual que la sala de *chill out*.

Apartment Sant Just Bach

This apartment, located near Barcelona, has a small area of water on the lower floor. The space is designed as a respite where peace and quiet can be found, an escape from the usual humdrum. The use of wood in the glass frames and in part of the furniture breaks with the sobriety of the gray walls and the floor, giving the room a warmer, more welcoming appeal.

Dieses Apartment in der Nähe von Barcelona enthält im Untergeschoss ein kleines Wasserbecken. Dieser Raum wird als ein Zufluchtsort betrachtet, an dem man Ruhe finden und der Routine entfliehen kann. Die Verwendung von Holz für die Fensterrahmen und für einen Teil des Mobiliars bricht mit der Nüchternheit der Grautöne der Wände und des Bodens und ergibt dadurch eine wärmere und gemütlichere Atmosphäre.

Dit appartement, gelegen in de buurt van Barcelona, bevat een kleine waterzone op de onderste verdieping. Deze ruimte fungeert als een toevluchtsoord waar men rust vindt en de routine kan ontvluchten. Het gebruik van houten raamkozijnen en meubels breekt met de sobere grijze tinten van de muren en de vloer, waardoor de ruimte gezelliger wordt.

Este apartamento, situado en las proximidades de Barcelona, incluye una pequeña zona de aguas en la planta inferior. Este espacio se concibe como un refugio donde buscar la tranquilidad y escapar de la rutina. El uso de la madera en los marcos de las cristaleras y en parte del mobiliario rompe con la sobriedad de los tonos grisáceos de las paredes y del suelo, confiriendo así un aire más cálido y acogedor.

Private House

Finding the right place in a house for a private gym is not an easy task. The architects of this private house decided to locate the gym inside the garage, combining both functions by means of an elevator formed by a platform containing the machines: when it is down at the bottom, it is a gym, and when it rises, it leaves a space to park the family car.

Es ist keine leichte Aufgabe, einen geeigneten Ort für einen privaten Fitnessraum innerhalb des Hauses zu finden. Die Architekten dieses Privathauses beschlossen, den Fitnessraum in der Garage einzurichten und beide Funktionen durch einen Aufzug mit einer Plattform, auf der die Geräte montiert sind, zu verbinden: Wenn der Aufzug unten ist, handelt es sich um einen Fitnessraum. Wenn er hinauf fährt, macht er Platz für das Familienauto.

Het is niet eenvoudig om in huis de ideale plek voor een fitnessruimte te vinden. De architecten van deze privéwoning besloten de sportruimte in de garage onder te brengen en beide functies te combineren door middel van een lift met een platform waarop de apparaten staan: als het platform omlaag staat, is het een fitnesszaal, en wanneer het omhoog gaat, blijft er ruimte over om er de auto van het gezin te parkeren.

Encontrar un lugar idóneo dentro de la casa para ubicar un gimnasio privado no es tarea fácil. Los arquitectos de esta residencia decidieron ubicar el gimnasio en el garaje combinando ambas funciones mediante un montacargas formado por una plataforma que contiene las máquinas: cuando está abajo, es gimnasio y, cuando se eleva, deja espacio para aparcar el coche familiar.

Wharf Apartment

This attic incorporates a private gym inside a small room designed to make the most of the space available. So the architects have covered an entire wall with a mirror to make the place look bigger. A translucent material was used to build a clerestory, which offers a soft, pleasant filtered luminosity when it receives the light.

In dieser Dachwohnung befindet sich innerhalb eines kleinen Zimmers ein privates Fitness-Studio, das so entworfen ist, dass es den verfügbaren Platz voll ausnutzt. So verkleideten die Architekten eine der Wände vollständig mit einem Spiegel, damit der Raum größer wirkt. Man verwendete ein durchsichtiges Material für ein Triforiums-Fenster (vorgeblendete Fensterscheiben), das das einfallende Tageslicht filtert und dem Raum einen angenehmen, milden Glanz verleiht.

Dit penthouse bevat een eigen fitnessruimte in een klein vertrek dat zodanig is ontworpen dat alle beschikbare ruimte zo veel mogelijk wordt benut. Zo bekleedden de architecten een gehele wand met een spiegel zodat de kamer ruimer lijkt. Er werd doorzichtig materiaal gebruikt voor een triforiumraam dat bij lichtinval de ruimte een gezeefde, aangename glans geeft.

Este ático incorpora un gimnasio privado dentro de una pequeña estancia diseñada para aprovechar al máximo el espacio disponible. Así, los arquitectos cubrieron la totalidad de una de las paredes con un espejo para dar una mayor sensación de amplitud. Se usó un material translúcido para construir una ventana de triforio que cuando recibe la luz proporciona un brillo tamizado y agradable al espacio.

174

Fitness Pavilion

Consisting of three individual structures that integrate the landscape, this house contains pavilion X, which houses a private gym and the guest house. A wooden wall hides a shower, a closet with the audiovisual equipment and a space for storage. Surrounded by glass walls, the room turns into the perfect place for doing exercise, meditating or simply admiring the views around.

Dit huis, dat wordt gevormd door drie individuele, in het landschap opgenomen structuren, bevat paviljoen X, waar zich een fitnessruimte en het huis voor logees bevindt. Een houten wand verbergt een douche, een kast met een audiovisuele installatie en een opbergruimte. Het vertrek wordt omgeven door glaswanden en is de ideale plek om te sporten, te mediteren of gewoonweg van het uitzicht van de omgeving te genieten.

In diesem Haus, das von drei individuellen Gebäuden gebildet wird, die in die Landschaft integriert sind, befindet sich der X-Pavillon, der ein privates Fitness-Studio und das Gästehaus beherbergt. Eine Holzwand verbirgt eine Dusche, einen Schrank und eine Audio-Video-Anlage, sowie einen Stauraum. Von Glaswänden eingefasst ist dieser Raum der geeignete Ort zum Trainieren, Meditieren oder einfach zum Betrachten der Aussicht auf die Umgebung.

Formada por tres estructuras individuales que integran el paisaje, esta casa contiene el pabellón X, que alberga un gimnasio privado y la casa de los huéspedes. Una pared de madera oculta una ducha, un armario con un equipo audiovisual y un espacio para el almacenaje. Envuelta con paredes de cristal, la estancia se convierte en el lugar idóneo para hacer ejercicio, meditar o simplemente contemplar las vistas de los alrededores.

Binny & Graham House

A ping-pong table always arouses the child that most adults harbour within. Its compact, portable nature makes it the ideal game to have in the house, whether you have a space specially reserved for entertainment or not. Practically any part of the house can be turned into a space for recreation by placing a ping-pong table in it, since it can be folded easily and stored when not in use.

Ein Tischtennis-Tisch weckt immer das Kind, das in den meisten Erwachsenen steckt. Da er kompakt und tragbar ist, ist er für das Haus geeignet, ob man einen besonderen Platz für die Unterhaltung zur Verfügung hat oder nicht. Fast jeder Teil des Hauses kann zu einem Freizeitbereich werden, wenn man einen Tischtennistisch aufstellt, da dieser sich leicht zusammenklappen und verstauen lässt, wenn man ihn nicht benutzt.

Een pingpongtafel maakt bijna altijd het kind dat in de meeste volwassenen schuilt wakker. De compacte, draagbare aard ervan maakt het een ideaal spel voor in huis, of u nu wel of niet over een speciale ruimte ervoor beschikt. Praktisch elk deel van het huis kan veranderen in een ruimte voor de vrijetijdsbesteding door er een pingpongtafel te plaatsen, aangezien deze gemakkelijk kan worden ingeklapt en opgeborgen als hij niet wordt gebruikt.

Una mesa de ping-pong siempre despierta al niño que hay en la mayoría de los adultos. Su naturaleza compacta y portátil lo convierte en el juego ideal para tener en casa, tanto si se dispone de un espacio específico destinado al entretenimiento como si no. Y es que prácticamente cualquier parte de la vivienda puede convertirse en una sala de ocio colocando una mesa de ping-pong, ya que esta puede plegarse fácilmente y almacenarse cuando no se emplea.

Gym and AV Studio

This spacious room in an apartment in London was designed to hold a private gym and media room. The fitness center, equipped with a weight machine together with a mirrored wall, shares space with the AV media presentation equipment with multifunction audio and graphics developed by Gibson Music. A family room enables the owners and guests to relax after the working day or to have some fun with an audio visual stimulation session.

Dieses geräumige Zimmer eines Apartments in London wurde als privates Fitness-Studio und Audio-Video-Saal eingerichtet. Das Fitness-Studio, das mit einem Fitnessgerät bei einer Spiegelwand ausgestattet ist, teilt sich den Platz mit einer von Gibson Music entwickelten multifunktionellen Audio-Video-Anlage. Ein Wohnzimmer ermöglicht Eigentümern und Gästen sich nach einem Arbeitstag zu entspannen sich mit einer stimulierenden audio-visuellen Vorstellung zu unterhalten.

Deze ruime kamer in een appartement in Londen werd ontworpen als fitness- en audiovisuele ruimte. De sportkamer is uitgerust met een gewichtsapparaat naast een spiegelwand en deelt de ruimte met met een audiovisuele presentatie-installatie met geluid en beeld ontworpen door Gibson Music. Dankzij een zitkamer kunnen de eigenaars en gasten zich na een werkdag ontspannen of trainen met visuele en geluidsstimulatie.

Esta espaciosa habitación de un apartamento situado en Londres fue diseñada para albergar un gimnasio privado y una sala audiovisual. El gimnasio, equipado con una máquina de pesas junto a una pared de espejo, comparte espacio con un equipo de presentación audiovisual con sonido multifunción y gráficos desarrollado por Gibson Music. Una sala de estar permite a los propietarios y a los invitados relajarse después de la jornada laboral o entretenerse con una sesión de estimulación visual y sonora.

Gym at Home

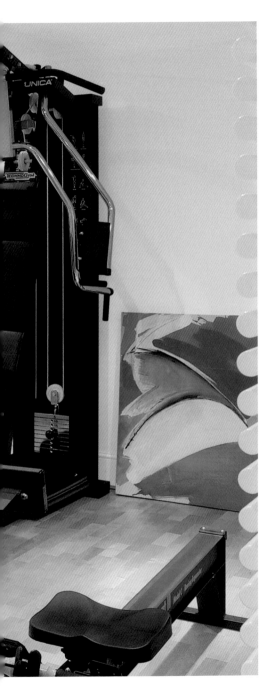

Designed for a young banker in London, this house incorporates a space specially set aside for gym equipment. Comfortable, well lit, with a square shape, parquet floor and vertical windows, this room has enough space to conduct aerobic sessions or other types of exercise. Several electricity bulbs fitted with regulators enable the owner to control the intensity of the light depending on the atmosphere or function required.

In diesem Haus, eines jungen Londoner Bankiers, gibt es einen speziellen Raum, für Fitnessgeräte. In dem quadratischen, komfortablen, gut beleuchteten Raum mit Parkettboden und Fenstern, die bis zum Boden reichen, verfügt man über genügend Platz für Aerobic-Stunden und andere Übungen. Diverse Fokuslampen mit Reglern ermöglichen dem Eigentümer die Lichtstärke nach Wunsch zu regulieren.

Dit huis, dat is ontworpen voor een jonge bankier uit Londen, bevat een ruimte die speciaal bedoeld is voor sportapparatuur. Een vierkante, comfortabele en goed verlichte kamer met parketvloer en verticale ramen beschikt over voldoende ruimte om er aerobics of andere oefeningen te doen. Dankzij diverse spotlights met regelaars kan de eigenaar de intensiteit van het licht naargelang de gewenste sfeer of de vereiste functie instellen.

Diseñada para un joven banquero de Londres, esta casa incorpora un espacio especialmente destinado a equipamientos gimnásticos. Una sala cuadrada confortable y bien iluminada, con suelo de parqué y ventanas verticales, dispone del suficiente espacio para realizar sesiones de aeróbic u otras actividades. Diversos focos con reguladores permiten al propietario controlar la intensidad de luz dependiendo del ambiente deseado o de la función requerida.

Home Gym With Screen

This apartment in Moscow includes a large private fitness center with views of the city. The space incorporates a complete set of exercise machines and a tanning table. A rotating plasma screen suspended from the ceiling keeps you entertained while doing sport. The sauna, which is accessed via two glass doors, offers some relaxing treatment after the fun.

In diesem Moskauer Apartment gibt es ein großes privates Fitness-Studio mit Aussicht auf die Stadt. Der Raum ist komplett mit Fitnessgeräten und einem Solarium ausgestattet. Ein an der Decke angebrachter schwenkbarer Plasma-Bildschirm bietet Unterhaltung während des Sports. Durch zwei Glastüren kommt man in die Sauna, in der man sich nach dem Training entspannen kann.

Dit appartement in Moskou bevat een grote fitnessruimte met uitzicht op de stad. Het vertrek bevat een complete uitrusting met sportapparatuur en zonnebank. Dankzij een aan het plafond hangend, draaibaar plasmascherm wordt men tijdens de sportbeoefening onderhouden. De sauna, die via twee glazen deuren bereikbaar is, biedt een ontspannende behandeling na de training.

Este apartamento situado en Moscú incluye un gran gimnasio privado con vistas a la ciudad. El espacio incorpora un completo equipo de máquinas para hacer ejercicio y un solárium. Una pantalla de plasma giratoria colgada del techo permite entretenerse mientras se practica deporte. La sauna, a la que se accede por dos puertas de cristal, ofrece un tratamiento relajante después del entrenamiento.

Music Rooms at Home

House S

This house has a sound studio in the basement. The room is below ground to reduce the noise and receives natural light thanks to a skylight located in an adjacent space. The room has a glass wall that lets light in and some corrugated walls designed to distribute the sound evenly. The walls are soundproofed to insulate the other parts of the house from the sound.

Dit huis heeft in de kelder een geluidsstudio. De kamer bevindt zich onder de begane grond zodat het geluid wordt gereduceerd. Het natuurlijk licht is afkomstig van een dakraam in een belendende ruimte. De kamer bestaat uit een glaswand waardoor licht naar binnen schijnt en golvende muren die het geluid op uniforme wijze verdelen. De muren zijn geluiddicht zodat de rest van het huis tegen geluidsoverlast wordt geïsoleerd.

In diesem Haus gibt es ein Tonstudio im Keller. Das Zimmer befindet sich unter dem Boden, um den Lärm zu dämpfen und erhält durch ein Oberlicht in einem angrenzenden Raum Tageslicht. Das Zimmer hat eine Glaswand, die Licht einlässt. Die anderen Wände sind gewellt, so dass der Klang gleichmäßig verteilt wird. Die Wände sind schalldicht, so dass keine Geräusche in die anderen Bereiche des Hauses dringen.

Esta casa incorpora un estudio de sonido en el sótano. La sala se encuentra debajo del nivel de suelo para reducir el ruido y recibe luz natural gracias a un tragaluz situado en un espacio adyacente. Una pared de cristal permite la entrada de luz y unas paredes ondulantes distribuyen uniformemente el sonido. Las paredes están insonorizadas para aislar del sonido las restantes partes de la vivienda.

House in Highgate

In this house in Highgate, London, the upper floor was designed as a meeting room and office, complete with sound system, to provide background music for clients, guests and even the owners themselves. The comfortable modern furniture and white interiors conjure up a futuristic effect, which is complemented by some innovative speakers that act as independent elements while at the same time being incorporated in wall units.

In diesem Haus in Highgate, London, wurde das obere Stockwerk als Konferenzraum und Büro konzipiert, mit einer eingebauten Stereoanlage, die Kunden und Gäste und auch die Eigentümer mit Hintergrundmusik unterhält. Die komfortablen, modernen Möbel und die gesamte weiße Innenausstattung wirken futuristisch und werden durch innovative von einander unabhängige Lautsprecher ergänzt, die in Wandmodule eingebaut sind.

In dit huis in Highgate, Londen, werd de bovenverdieping ontworpen als vergaderzaal en kantoor, met een ingebouwde geluidsinstallatie die klanten, gasten en zelfs de eigenaars met achtergrondmuziek amuseert. De comfortabele moderne meubels en het witte interieur zorgen voor een futuristisch effect dat wordt versterkt door innoverende luidsprekers die als onafhankelijke elementen werken en tegelijkertijd zijn geïntegreerd in modules in de muur.

En esta casa de Highgate, en Londres, el nivel superior se diseñó como sala de reuniones y oficina, con un equipo de sonido incorporado que entretiene con música de fondo a los clientes, los invitados e incluso a los propietarios. Los muebles, modernos y confortables, y los interiores blancos crean un efecto futurista complementado por unos altavoces innovadores que actúan como elementos independientes y que a su vez están integrados en unos módulos en la pared.

Since circulation was very limited around the apartment, white was used as a resource to enlarge the space and give it a relaxing atmosphere. The large window integrates the green landscape in the music session.

Da es keine größeren freien Flächen gibt, wurde weiß als Gestaltungsmittel verwendet, das den Raum größer wirken lässt und eine ruhige Atmosphäre schafft. Das große Panorama-Fenster verbindet die grüne Landschaft mit der Musik.

Aangezien er geen grote doorgangszones bestaan, werd de kleur wit gebruikt als hulpmiddel om de ruimte groter te laten lijken en rust uit te stralen. Dankzij het grote raam is het groene landschap aanwezig tijdens de muzieksessie.

Al no contar con grandes zonas de circulación, se utilizó el blanco como recurso para ampliar el espacio y transmitir relajación. El gran ventanal integra la naturaleza a la sesión musical.

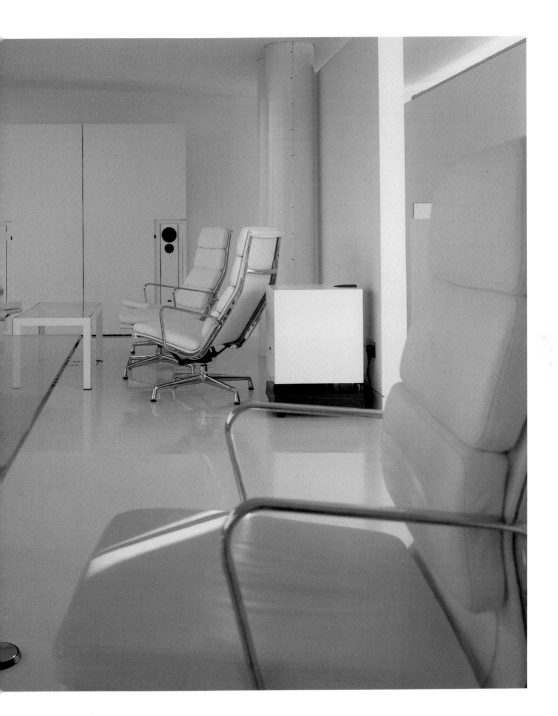

Triangle Loft

In open-plan properties such as lofts, it is easier to change the layout of the furniture and transform the living room into a music room when the time comes for relaxation.

In Wohnungen mit offenem Grundriss wie den Lofts, ist es einfacher, die Möbel umzustellen und das Wohnzimmer in freien Stunden in ein Musikzimmer zu verwandeln.

In woningen met een open vorm zoals lofts, is het eenvoudiger om de meubels van opstelling te veranderen en de living in de vrije tijd om te vormen tot een muziekkamer.

En las residencias de planta abierta como los *lofts*, es más sencillo cambiar la disposición de los muebles y transformar el salón en una sala de música en los momentos de ocio.

Seating Pools

A couple of plastic modular armchairs, some modern lights, a red table and matching carpet contrast with the neutral background and create the perfect environment to relax and listen to music. Two DJ turntables and a bubble-shaped loudspeaker allow the owners to get comfortable and enjoy the music either turned up loud or using headphones while looking at the cheerful designs in a relaxing environment.

Zwei verstellbare Sessel aus Kunststoff, moderne Lampen, ein roter Tisch und ein dazu passender Teppich kontrastieren mit dem neutralen Hintergrund und schaffen einen perfekten Rahmen zum entspannen und Musik hören. Zwei Plattenspieler und ein kugelförmiger Lautsprecher erlauben den Eigentümern, es sich bequem zu machen und die Musik mit hoher Lautstärke oder mit Kopfhören zu genießen, und dabei das fröhliche Design in einem ruhigen Ambiente zu genießen.

Een paar modulaire stoelen van plastic, moderne lampen, een rode tafel en bijpassend vloerkleed vormen een contrast met de neutrale achtergrond en creëren een perfect kader om zich te ontspannen en naar muziek te luisteren. Dankzij twee mengpanelen en een luidspreker in de vorm van een luchtbel kunnen de eigenaars comfortabel gaan zitten en op hoog volume of met koptelefoons van de muziek genieten terwijl ze de vrolijke ontwerpen in een rustige omgeving aanschouwen.

Un par de sillones modulares de plástico, unas lámparas modernas, una mesa de color rojo y una alfombra a juego contrastan con el fondo neutro y crean el marco perfecto para relajarse y escuchar música. Dos platos de mezclas y un altavoz en forma de burbuja permiten a los propietarios disfrutar cómodamente de la música a un volumen alto o con los auriculares mientras contemplan los alegres diseños en un ambiente tranquilo.

Spherical shapes and primary colors dominate throughout the rest of the room: a yellow telephone, a blue carpet and a red, circular-shaped TV. In the fireplace, there is an object just begging to be played with.

Runde Formen und Primärfarben herrschen im restlichen Bereich des Wohnzimmers vor: Ein gelbes Telefon, ein blauer Teppich und ein roter kugelförmiger Fernsehapparat. Im Kamin befindet sich ein Objekt, das zum Spielen einlädt.

De bolvormen en primaire kleuren hebben in de rest van de woonkamer de overhand: een gele telefoon, een blauw vloerkleed, een televisie in de vorm van een rode cirkel. In de schouw nodigt een voorwerp uit om te spelen.

Las formas esféricas y los colores primarios predominan en el resto del salón: un teléfono amarillo, una alfombra azul y un televisor en forma de círculo rojo. En la chimenea, un objeto invita al juego.

Guitar Museum

The study designed for the Marvel Comics director contains a set of music instruments and an extensive collection of the owner's objects associated with the comic world. The fun aspect of the space is brought out by the position of a number of acrylic bookcases with interior lighting to create a dynamic effect.

Dieses Studio, das für den Direktor von Marvel Comics entworfen wurde, beherbergt diverse Musikinstrumente und eine umfangreiche Sammlung des Eigentümers von Gegenständen, die mit der Welt der Comics verbunden sind. Der fröhliche Charakter des Raumes wird durch mehrere Einbauschränke aus Acryl, deren Innenbeleuchtung einen dynamischen Effekt ergibt, betont.

Deze voor de directeur van Marvel Comics ontworpen studio herbergt muziekinstrumenten en een uitgebreide collectie voorwerpen van de eigenaar die te maken hebben met de stripwereld. Het vrolijke karakter van de ruimte wordt benadrukt door de talrijke planken van acryl die van binnen worden verlicht waardoor een dynamisch effect ontstaat.

Este estudio diseñado para el director de Marvel Comics alberga un conjunto de instrumentos musicales y una amplia colección de objetos del propietario relacionados con el mundo del cómic. El carácter divertido del espacio queda enfatizado mediante la colocación de numerosas estanterías acrílicas empotradas que están iluminadas desde dentro para crear un efecto dinámico.

Apart from the piano, there are a number of instruments, and collector's objects and toys on display. In this area devoted to the world of music, there is plenty of room for creativity.

Neben dem Flügel sind Musikinstrumente, Objekte und Spielzeuge des Sammlers ausgestellt. In diesem Bereich, der für das Musizieren bestimmt ist, wird der Kreativität Raum gelassen.

Naast de piano worden ook instrumenten, voorwerpen en speelgoed van de verzamelaar tentoongesteld. In deze aan het opvoeren van muziek gewijde kamer, wordt ruimte vrijgelaten voor de creativiteit.

Junto al piano también se exhiben instrumentos, objetos y juguetes de coleccionista. En esta área destinada a la interpretación musical, se deja espacio para la creatividad.

The collection belonging to the owner of the house includes a large variety of guitars. The pieces are carefully protected inside a recessed showcase in the walls.

De collectie van de eigenaar van het huis omvat een ruim assortiment gitaren. Deze worden subtiel beschermd in een ingebouwde vitrine tegen de muren.

Die Sammlung des Hausherrn enthält eine Reihe von Gitarren. Die Stücke befinden sich geschützt in Vitrinen, die in die Wände eingebaut sind.

La colección del dueño incluye una amplia variedad de guitarras. Las piezas se encuentran delicadamente protegidas en un exhibidor empotrado en las paredes.

The interior of the recessed acrylic shelves was put together with great care. Just like a transparent closet, it has interior lighting and hooks to hang the objects on.

Die eingebauten Acrylregale wurden passgenau angefertigt. Sie sind von innen beleuchtet, als ob es sich um einen durchsichtigen Schrank handeln würde, und die Objekte sind an Haken aufgehängt.

De binnenkant van de acryl planken werd zorgvuldig vervaardigd. Alsof het om een doorzichtige kast gaat zijn ze voorzien van inwendig licht en haken waaraan voorwerpen kunnen worden gehangen.

El interior del mueble acrílico empotrado fue diseñado cuidadosamente. Como si se tratara de un armario transparente, cuenta con iluminación interior y ganchos donde colocar los objetos.

A recording studio was built nextdoor to the
piano room. Wooden units were mounted
around the recording instruments and
equipment, along with an extensive library.

Neben dem Musikzimmer befindet sich
ein Aufnahmestudio. Um die Anlagen und
Aufnahmegeräte herum wurden Holzmöbel
und große Bücherregale aufgestellt.

Naast de pianokamer werd een opnamestudio
ingericht. Rondom de opname-apparatuur en
instrumenten werden houten meubels en een
grote boekenkast neergezet.

Junto a la sala del piano se construyó un
estudio de grabación. Alrededor de los equipos
e instrumentos de grabación se instalaron
muebles de madera y una amplia biblioteca.

Jones House

This room has a high tech sound system combining high quality acoustics with artistic design. The surrounds of the speakers can be custom built to embellish any interior, with a wide range of textile designs available created by artists carefully selected from all over the world. In this case, the owner preferred not to have the speakers framed to keep the high-tech look of the room.

In diesem Wohnzimmer gibt es eine Stereoanlage der Spitzentechnologie, die ausgezeichnete Akustik mit künstlerischem Design verbindet. Die Lautsprecher-Rahmen können zur Verschönerung jeder Einrichtung nach Maß hergestellt werden und man kann unter einem umfangreichen Sortiment von Textilien-Designs wählen, die von ausgewählten Künstlern aus aller Welt entworfen wurden. In diesem Fall zog der Besitzer es vor, die Lautsprecher ohne Gehäuse anzubringen, um die *high-tech* - Ästhetik des Raumes zu bewahren.

Deze woonkamer beschikt over een hightech geluidsinstallatie die akoestiek van topkwaliteit combineert met een artistiek ontwerp. De lijsten van de luidsprekers kunnen op maat gemaakt worden om elk interieur mooier te maken, en er kan gekozen worden uit een ruim assortiment textielontwerpen die zijn gecreëerd door zorgvuldig geselecteerde artiesten uit de hele wereld. In dit geval koos de eigenaar ervoor om de luidsprekers niet in te lijsten en zo de *high-tech* uitstraling van de kamer te handhaven.

Este salón dispone de un equipo de sonido de tecnología punta que combina una acústica de alta calidad con un diseño artístico. Los marcos de los altavoces pueden fabricarse a medida para embellecer cualquier interior, y se puede escoger entre una amplia gama de diseños textiles creados por artistas de todo el mundo cuidadosamente seleccionados. En este caso, el propietario prefirió dejar los altavoces sin enmarcar para mantener la estética *high-tech* de la estancia.

Audio Tower

This loft consists of an open-plan living area with a number of recreation zones. A room nextdoor to the master bedroom contains a vertical AV unit and a telescope for observing the night sky. The tower holds a complete sound system, which, together with the comfort of the leather armchairs, offers a pleasant listening experience and some magnificent views of the terrace.

Dieses Loft besteht aus einem offenen Saal, der in verschiedene Bereiche für die Unterhaltung unterteilt ist. Ein an das Hauptschlafzimmer anschließendes Wohnzimmer enthält eine vertikale Audio-Video-Anlage und ein Teleskop, mit dem man den Nachthimmel beobachten kann. Der Turm besteht aus einem kompletten Soundsystem und bietet zusammen mit bequemen Ledersesseln ein genussvolles Hörerlebnis und eine herrliche Aussicht auf die Terrasse.

Deze loft bestaat uit een open ruimte met talrijke vrijetijdszones. Een salon die aan de hoofdkamer grenst bevat een verticale audiovisuele installatie en een telescoop om 's nachts de hemel te bekijken. De stereotoren bestaat uit een compleet geluidssysteem dat het, samen met de comfortabele leren fauteuils, mogelijk maakt om op aangename wijze naar muziek te luisteren en van een geweldig uitzicht op het terras te genieten.

Este *loft* está formado por una sala de planta abierta que dispone de numerosas zonas de ocio. Un salón adyacente a la habitación principal contiene un equipo audiovisual vertical y un telescopio para observar el cielo por la noche. La torre consta de un completo sistema de sonido que, unido al confort de unos sillones de piel, permite disfrutar de una placentera experiencia auditiva y de unas magníficas vistas a la terraza.

Playing With Music

This games room takes on an informal family appearance thanks to the coziness of the room, the traditional pool table, an authentic jukebox and the atmosphere of a welcoming home. Controls were installed to regulate the intensity of the light and the original jukebox from the nineteen fifties allows the players to enjoy a game of pool while listening to their favorite songs.

Dieses Spielzimmer hat eine familiäre und unkonventionelle Atmosphäre dank des bequemen kleinen Sofas, des traditionellen Billardtisches und einer echten Musikbox und einem gemütlichen Kamin. Die Lichtstärke ist regulierbar und die Original-Musikbox aus den fünfziger Jahren ermöglicht es den Spielern, eine Partie Billard zu spielen und dabei ihre Lieblings-Songs zu hören.

Deze speelkamer heeft iets gemoedelijks en informeels dankzij de comfortabele ruimte, de traditionele biljarttafel, een authentieke jukebox en een gezellige open haard. Er werden regelknoppen aangebracht om de intensiteit van het licht te regelen en dankzij de originele jukebox uit de jaren vijftig kunnen de spelers genieten van een biljartspel terwijl ze naar hun favoriete nummers luisteren.

Esta sala de juegos adopta un aire familiar e informal gracias a la confortable salita, la tradicional mesa de billar, una gramola auténtica y un acogedor hogar. Se instalaron reguladores para graduar la intensidad de la luz y la gramola original de los años cincuenta permite que los jugadores disfruten de una partida de billar mientras escuchan sus canciones favoritas.

Dunbar Residence

This house in Hawaii belongs to a former music producer. The layout of the new property had to include a room entirely devoted to music, where the owner could display his record collection and satisfy his passion for drumming with family and friends. The bedroom, located on the first floor, has been soundproofed to prevent the noise from reaching the other parts of the house.

Dieses Haus auf Hawaii gehört einem ehemaligen Musikproduzenten. Die Aufteilung des neuen Wohnhauses sollte einen Raum enthalten, der vollständig der Musik gewidmet sein würde, wo der Besitzer seine Plattensammlung ausstellen könnte und mit seiner Familie und Freunden seiner Leidenschaft für Perkussionsinstrumente frönen könnte. Das Zimmer im ersten Stock ist schalldicht, so dass kein Lärm in die anderen Bereiche des Hauses dringt.

Dit huis op Hawaï is van een voormalige muziekproducer. De nieuwe woning moest een volledig aan muziek gewijde kamer bevatten, waar de eigenaar zijn elpeeverzameling kan tentoonstellen en zijn passie voor percussie met zijn familie en vrienden kan delen. De op de eerste verdieping gelegen kamer is geluiddicht, zodat het geluid de rest van de woning niet bereikt.

Esta casa de Hawái pertenece a un antiguo productor de música. La distribución de la nueva vivienda tenía que incluir una sala dedicada por completo a la música, donde el propietario pudiera exponer su colección de discos y compartir su pasión por la percusión con su familia y los amigos. La habitación, situada en la primera planta, está insonorizada para impedir que el ruido llegue a las restantes áreas de la casa.

Piano Room

Located in a corner of the living room, next to the fireplace, the piano is the main feature in this typical London apartment. Sitting down to play or to listen to the piano can help you relax, or seduce your guests, family and friends. The instrument also adds a touch of sophistication to the interior décor of the home.

In einer Ecke des Wohnzimmers beim Kamin aufgestellt, spielt der Flügel die Hauptrolle in diesem typischen Londoner Apartment. Selbst Klavier spielen oder zuhören dient der Entspannung oder auch zur Unterhaltung und Freude von Gästen, Familie und Freunden. Das Instrument verleiht der Inneneinrichtung des Heims zudem einen anspruchsvollen Charakter.

In een hoek van de woonkamer van dit karakteristieke Londense appartement neemt de piano, naast de open haard, een voorname plaats in. Piano spelen of ernaar luisteren kan ontspannen, maar ook vermaken en gasten, familie en vrienden fascineren. Het instrument geeft het interieur bovendien een verfijnd karakter.

Situado en una esquina del salón, junto a la chimenea, el piano es el elemento protagonista de este característico apartamento londinense. Sentarse a tocar o a escuchar el piano puede servir para relajarse, o también para entretener y seducir a los invitados, la familia y los amigos. El instrumento confiere además un carácter sofisticado al diseño interior del hogar.

This property is situated on a plot of land that offers beautiful views and long hours of sunlight. The extraordinary design of the floor plan is Y-shaped, with three clearly differentiated wings. In the north wing, reserved for study and music, the centerpiece is the grand piano, its blackness contrasting with the white background of the walls and ceiling; the wood that can be seen through the large glazed wall provides the pianist with his inspiration.

Deze woning staat op een terrein met een prachtig uitzicht en wordt blootgesteld aan veel zonlicht. Het bijzondere ontwerp van het gebouw heeft een Y-vorm, met drie duidelijk te onderscheiden vleugels. In de noordvleugel, bestemd voor de studio en muziekruimte, is het centrale element de zwarte vleugel, welke een contrast vormt met de witte achtergrond van de muren en het plafond. Het bos dat men via de brede glaswand kan zien dient als inspiratie voor de pianist.

Dieses Wohnhaus befindet sich auf einem Gelände, das schöne Ausblicke und viel Sonnenlicht bietet. Der einzigartige Grundriss hat die Form eines Y mit drei deutlich unterschiedenen Flügeln. Im Nordflügel, der für die Studien- und Musikbereiche bestimmt ist, steht der schwarze Flügel im Mittelpunkt und bildet einen Gegensatz zu dem weißen Hintergrund der Wände und der Decke. Der Wald, den man durch die große Glaswand sehen kann, dient dem Pianisten zur Inspiration.

Esta vivienda se encuentra sobre un terreno que ofrece hermosas vistas y una gran exposición a la luz solar. El diseño singular de la planta tiene forma de Y, con tres alas claramente diferenciadas. En el ala norte, destinada a las zonas de estudio y música, el elemento central es el piano de cola negro, que contrasta con el fondo blanco de las paredes y el techo; el bosque que asoma a través de la amplia pared acristalada sirve de inspiración al pianista.

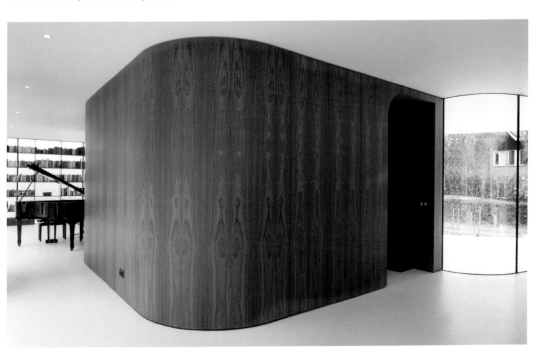

Clayton House

In this room located in the attic, which was designed as a music room, the extra space between the floor and sloping roof was used for an organ and small adjacent room. The simplicity of the bedroom shows that it is not really so hard to achieve a pleasant entertainment area with very few resources and get the most out of those seemingly useless nooks and crannies in the home.

In diesem als Musikzimmer konzipierten Raum in einer Dachwohnung, wurde der Platz unter der geneigten Decke für die Aufstellung einer Orgel und für ein anschließendes kleines Wohnzimmer genutzt. Die Schlichtheit des Zimmers zeigt, dass es nicht so schwer ist, mit geringen Mitteln einen angenehmen Bereich für die Unterhaltung zu schaffen und scheinbar unnütze Ecken des Hauses aufs beste zu nutzen.

In dit als muziekkamer ontworpen vertrek op de bovenverdieping werd de overtollige ruimte tussen de vloer en het schuine plafond benut om er een orgel te plaatsen en een aangrenzend kamertje in te richten. De eenvoud van het vertrek toont aan dat het niet zo moeilijk is om met weinig middelen een aangename vrijetijdszone te creëren en het maximale profijt uit schijnbaar onnuttige hoekjes in huis te halen.

En esta estancia situada en el ático, que fue concebida como una sala de música, se aprovechó el espacio sobrante entre el suelo y el techo inclinado para colocar un órgano y una salita adyacente. La sencillez de la habitación demuestra que no es tan difícil conseguir una zona de entretenimiento agradable con pocos recursos y sacar el máximo partido a aquellos rincones aparentemente inútiles de la casa.

Furniture
and Accessories

Artcoustic

Founded by a Scandinavian couple with a passion for music and art, Artcoustic technology combines the esthetic claims of artistic design with the quality and precision of a cutting edge sound system. The loudspeakers, which measure the same depth as a picture frame, have interchangeable screens that can be printed with a large variety of exclusive works of art to match the interior décor.

Von einem Musik- und kunstbegeisterten skandinavischen Paar gegründet, kombiniert die Artcoustic-Technologie die die ästhetischen Anforderungen an ein künstlerisches Design mit der Qualität und der Präzision eines avantgardistischen Sound-Systems. Die Fronten der Lautsprecher, die die Profilbreite eines Bilderrahmens haben, sind austauschbar und können mit vielen verschiedenen exklusiven künstlerischen Motiven bedruckt werden, so dass sie mit der Inneneinrichtung harmonieren.

De technologie van Artcoustic, opgericht door een Scandinavisch echtpaar dat dol is op muziek en kunst, combineert een mooi artistiek ontwerp met kwaliteit en precisie in een moderne geluidsinstallatie. De luidsprekers, die dezelfde diepte hebben als de lijst van een schilderij, beschikken over onderling uitwisselbare schermen die kunnen worden bedrukt met een keur van exclusieve kunstwerken die passen bij het interieur.

Fundada por una pareja escandinava apasionada por la música y el arte, la tecnología Artcoustic combina el reclamo estético del diseño artístico con la calidad y la precisión de un equipo de sonido de vanguardia. Los altavoces, que tienen la misma profundidad que el marco de un cuadro, disponen de pantallas intercambiables que pueden estamparse con una gran variedad de obras exclusivas haciendo juego con la decoración interior.

A projector, screening images (for the most part) of concerts on one of the walls, was placed on a shiny table in the dining room, with a predominance of white and minimalist decoration.

Über einem glänzenden Tisch des Esszimmers, der minimalistisch und ganz in weiß eingerichtet ist, wurde ein Projektor installiert, der auf eine der Wände (größtenteils) Bilder von Konzerten projiziert.

Boven de glanzende eettafel, waar wit en een minimalistische inrichting de overhand hebben, werd een projector gehangen die beelden van (met name) concerten op een van de muren projecteert.

Sobre una brillante mesa del comedor, donde predomina el blanco y una decoración minimalista, se colocó un proyector, que proyecta imágenes (en su mayoría) de conciertos sobre una de las paredes.

All sectors of the house have good acoustics. In this particular corner, which is ideal for listening to music and enjoying a good book, the predominance of white was combined with yellow.

Alle Bereiche des Hauses haben eine gute Akustik. In dieser Ecke, die ideal zum Musik hören und zum Lesen geeignet ist, wurde das vorherrschende weiß mit gelb kombiniert.

Alle delen van het huis hebben een goede akoestiek. In deze hoek, ideaal om naar muziek te luisteren en te lezen, werd de overheersende witte kleur gecombineerd met geel.

Todos los sectores de la casa disfrutan de buena acústica. En este rincón, ideal para escuchar música y disfrutar de buenas lecturas, el blanco predominante se combinó con el amarillo.

Spacious, comfortable and with a large widescreen, in this room it is possible to enjoy good movies almost as much as if you were in a real commercial movie theater.

In deze ruime, comfortabele kamer met een groot scherm kan men genieten van goede films, bijna alsof men in een bioscoop zit.

In diesem weiträumigen, komfortabel und mit einer großen Leinwand ausgestatteten Zimmer, kann man fast wie in einem kommerziellen Kinosaal Filme anschauen.

Espaciosa, cómoda y con una gran pantalla, en esta estancia uno puede disfrutar de buenas películas y sentirse como si estuviera en una sala de cine comercial.

Apartment in Manhattan

The studio apartment is a space entirely given over to recreation, because of the lively, anarchic nature of the furniture decorating its interior. Beanbags, velvety textures and curved shapes are combined with designs from the nineteen sixties and seventies, and bright colors to create a festive atmosphere that entertains our senses.

De studio is in zijn geheel een ruimte voor vrijetijdsbesteding, gezien het levendige en wanordelijke karakter van de meubels waarmee het interieur is ingericht. Pluche poefs, fluweelachtige texturen en ronde vormen worden gecombineerd met ontwerpen uit de jaren zestig en zeventig en met fonkelende kleuren waardoor een vrolijke sfeer ontstaat waarmee onze zintuigen worden geprikkeld.

Das Apartment bildet auf Grund des lebhaften und anarchischen Charakters seiner Inneneinrichtung als Ganzes einen Freizeitraum. Sitzkissen aus Plüsch, samtige Stoffe und runde Formen im Stil der sechziger und siebziger Jahre in leuchtenden Farben schaffen eine fröhliche Atmosphäre, die unsere Sinne anregt.

Este apartamento estudio es en su totalidad un espacio para el ocio, dado el carácter vivo y anárquico de los muebles que decoran el interior. Pufs de felpa, texturas aterciopeladas y formas curvas se combinan con diseños de los años sesenta y setenta y con colores brillantes para crear una atmósfera alegre que entretiene nuestros sentidos.

As soon as we enter this apartment, the varied mix of modern objects in bright colors and shapes is just waiting to entertain us.

Sobald man dieses Apartment betritt, lädt die Kombination der verschiedenen modernen Objekte in lebhaften Farben zum Vergnügen ein.

Wanneer men dit appartement binnenkomt springt de combinatie van moderne kleurige voorwerpen en vormen in het oog.

Nada más entrar en este apartamento, la variada combinación de objetos modernos de vivos colores y formas invita a la diversión.

In this environment brimming with color and a chaotic but harmonious decorative style, all the elements contrast with one another and complement each other at one and the same time to create a functional but comfortable space.

In dem vielfarbigen, in einem chaotischen aber harmonischen Stil eingerichteten Ambiente, bilden die einzelnen Elemente Gegensätze, die sich gleichzeitig ergänzen und einen funktionalen und komfortablen Raum ergeben.

In de kleurige kamer met een chaotische maar harmonieuze decoratieve stijl vormen sommige elementen een contrast met andere en vullen ze elkaar tegelijkertijd aan en creëren zo een functionele en comfortabele ruimte.

En el ambiente lleno de color y con un caótico pero armonioso estilo decorativo, los elementos contrastan unos con otros, y a la vez se complementan para crear un espacio funcional y cómodo.

Retro Penthouse

The interior designer Toni Ingrao created a room for the apartment owner's daughter, drawing his inspiration from the bedroom designed for the Barbie of the nineteen seventies. The bright shades of pink used both in the walls and in the furniture, along with the contrasts generated by the original textures and lights, lend the room an element of fun. The ottomans covered in plastic and suede shine as you sit down on them and the vintage sofa is made of double-knit wool.

Der Innenarchitekt Toni Ingrao schuf für die Tochter des Eigentümers dieses Apartments ein Zimmer, das vom Schlafzimmer der Barbie-Puppe aus den sechziger Jahren inspiriert ist. Die lebhaften rosa Töne von Wänden und Möbel sowie der Kontrast, der durch die originellen Texturen und Lampen erzeugt wird, schaffen eine fröhliche Atmosphäre. Die mit Kunststoff und Wildleder verkleideten Ottomanen leuchten, wenn man sich darauf setzt und das *vintage* -Sofa ist aus Wollstoff.

De interieurontwerper Toni Ingrao ontwierp voor de dochter van de eigenaar van dit appartement een vertrek dat is geïnspireerd op de kamer van Barbie uit de jaren zeventig. De gebruikte roze tinten van de muren en meubels creëren samen met het contrast dat wordt gevormd door de originele texturen en het licht een grappige sfeer. De ottomanes bekleed met plastic en suède glimmen wanneer men erop gaat zitten en de *vintage* bank is van dubbel gebreid wol.

El diseñador de interiores Toni Ingrao creó para la hija del propietario de este apartamento una estancia inspirada en la habitación de la Barbie de los años setenta. Los vívidos tonos rosas empleados tanto en las paredes como en los muebles, además del contraste que generan las originales texturas y luces, proporcionan una atmósfera divertida. Las otomanas revestidas con plástico y ante brillan al sentarse en ellas y el sofá *vintage* es de lana de doble punto.

The bathroom was also decorated in keeping with the Barbie style. In the same shades of pink combined with white, the coquette dressing table has bright steel embellishments and an oval sheet of glass on the door.

Das Bad wurde ebenfalls im Barbie-Stil eingerichtet. In denselben rosa Tönen mit weiß gehalten, weist das kokette Boudoir auch Details aus glänzendem Stahl und ein gläsernes Oval in der Tür auf.

De badkamer is ook in Barbiestijl ingericht. Hier werden naast wit dezelfde roze tinten gebruikt. De sierlijke wastafel heeft details in glanzend staal en een glazen ovaal in de deur.

El baño también se decoró de acuerdo al estilo Barbie. En los mismos tonos rosas combinados con blanco, el coqueto tocador presenta detalles en acero brillante y un óvalo de vidrio en la puerta.

Apartment in London

The dining room of a modern home does not have to be sober or minimalist to be elegant. A subtle mix of styles, shapes and materials in the right measure can lead to a sophisticated fun design like this one, which includes a white plastic table and several chairs made from PVC cubes that draw their inspiration from the nineteen seventies, plus a fish tank that surprises the guests.

Das Esszimmer eines modernen Wohnhauses muss weder nüchtern noch minimalistisch gestaltet sein, um elegant zu wirken. Eine subtile Mischung aus Stilen, Formen und Materialien kann ein fröhliches und gleichzeitig elegantes Ambiente wie dieses ergeben, das aus einem weißen Tisch aus Kunststoff und mehreren aus PVC-Würfeln hergestellten Stühlen im Stil der sechziger Jahre besteht so wie einem Aquarium, das die Gäste überrascht.

De eethoek van een moderne woning hoeft niet sober of minimalistisch te zijn om elegantie uit te stralen. Een subtiele uitgebalanceerde mix van stijlen, vormen en materialen kan als resultaat een leuk en trendy ontwerp zoals hier hebben. Deze eethoek is voorzien van een witte plastic tafel en diverse stoelen gemaakt van pvc geïnspireerd op de jaren zestig en een voor de gasten verrassende vissenkom.

El comedor de una residencia moderna no tiene por qué ser sobrio ni minimalista para ser elegante. Una sutil mezcla de estilos, formas y materiales en la medida justa puede dar como resultado un diseño divertido y sofisticado como este, que incluye una mesa de plástico blanco, varias sillas fabricadas con cubos de PVC inspiradas en los años sesenta y una pecera que sorprende a los invitados.

Bobo House

The children's bedroom can also be a fun place with a touch of style. In this house located in Barcelona, the entrance to the toy room is decorated with a huge hand-painted mural, while the furniture and lights have a modern appearance. The careful arrangement of the various items and furniture such as a bank of shale add an imaginative touch that brings out the fun side of practical objects.

Das Kinderzimmer kann ein fröhlicher und gleichzeitig stilvoller Raum sein. In diesem Haus in Barcelona ist der Eingang zum Spielzimmer mit einem großen Wandgemälde dekoriert und Möbel und Lampen sind in einem modernen Stil gehalten. Die durchdachte Aufteilung der Möbel und Objekte und eine mit Tafelfarbe gestrichene Bank, sind so einfallsreich, dass sie den lustigen Aspekt praktischer Gegenstände hervorheben.

De kinderkamer kan ook een leuke plek met stijl zijn. In dit huis in Barcelona is de ingang van de speelkamer versierd met een grote met de hand aangebrachte muurschildering, terwijl de meubels en lampen een moderne stijl hebben. De verzorgde opstelling van de voorwerpen en meubels zoals een bank met schoolbordverf spreken tot de verbeelding en benadrukken de leuke kant van praktische voorwerpen.

La habitación de los niños también puede ser un lugar divertido y con estilo. En esta casa situada en Barcelona, la entrada del cuarto de los juguetes está decorada con un gran mural pintado a mano, mientras que los muebles y las lámparas presentan un estilo moderno. La cuidadosa disposición de los elementos y muebles, como un banco de pizarra, añaden un toque imaginativo que resalta la parte divertida de los objetos prácticos.

The layout of the furniture allows people to move freely round the space, without any objects in the way. The preponderance of white conveys a relaxed atmosphere and encourages creativity.

Die Aufteilung der Möbel schafft freien Raum im Zimmer, ohne störende Gegenstände. Die Vorherrschaft von weiß wirkt beruhigend und fördert die Kreativität.

Door de opstelling van de meubels kan men zich vrij door de ruimte bewegen zonder dat voorwerpen in de weg staan. De overheersende witte kleur straalt een ontspannen sfeer uit en bevordert de creativiteit.

La disposición de los muebles propicia la libre circulación por el espacio, sin objetos que estorben. La preponderancia del blanco transmite un ambiente relajado y fomenta la creatividad.

The small table with shale paint is a simple but attractive element. Children do not need pencils or paper, they can create their own works of art by painting directly on the table with chalk.

Dieser kleine mit Tafelfarbe lackierte Tisch ist ein einfacher aber attraktiver Einrichtungsgegenstand. Die Kinder brauchen weder Stift noch Papier und können ihre Kunstwerke direkt mit Kreide auf den Tisch malen.

Dit kleine tafeltje met schoolbordverf is een eenvoudig maar aantrekkelijk element. Kinderen hebben geen potlood of papier nodig en kunnen hun kunstwerken creëren door direct met krijt op de tafel te tekenen.

Esta pequeña mesa de pintura pizarra es un elemento sencillo pero atractivo. Los niños no necesitan lápiz ni papel, pueden crear sus obras de arte pintando directamente con tiza sobre la mesa.

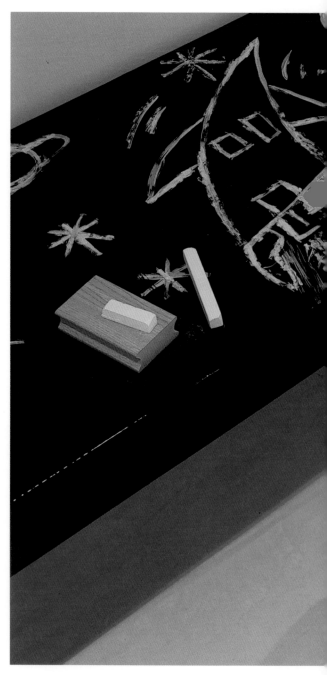

Designer Toys

The artist and designer Didi Dunphy gains his inspiration from the concept of "playground time" and brings it into the home through the sculptural elements that stimulate play. These elements take on the shape of furniture whose artistic design gives them a decorative quality, while also injecting a shot of energy in any home. Adults can go for a ride on the upholstered seesaw, on the brightly-colored swing or the skateboards with colored wheels.

Der Künstler und Designer Didi Dunphy lässt sich vom Konzept der „Hof-Pause" inspirieren und führt es mit skulpturalen Elementen, die zum spielen anregen, im Haus aus. Diese Elemente nehmen die Form von Möbelstücken an, deren künstlerisches Design ihnen eine dekorative Qualität verleiht und gleichzeitig eine Portion Energie in jedes Heim bringt. Die Erwachsenen können sich auf die gepolsterte Wippe, auf die in leuchtenden Farben gehaltene Schaukel oder auf die bunten Rollerskates setzen.

De kunstanaar en ontwerper Didi Dunphy laat zich inspireren door het concept "speelkwartier" en introduceert dat in huis door middel van beeldhouwwerken die het spel bevorderen. Deze elementen nemen de vorm van meubels aan en door hun artistieke ontwerp krijgen ze een decoratief karakter en geven ze tegelijkertijd een flinke dosis energie aan welk huis dan ook . Volwassenen kunnen op de beklede wip of de skateboards met gekleurde wieltjes stappen of op de kleurige schommel gaan zitten.

El artista y diseñador Didi Dunphy se inspira en el concepto de «la hora del patio» y lo introduce en el hogar a través de elementos escultóricos que estimulan el juego. Estos elementos adoptan la forma de muebles cuyo diseño artístico les proporciona una cualidad decorativa, a la vez que añade una dosis de energía a cualquier hogar. Los adultos pueden montarse en el balancín tapizado, en el columpio de tonos brillantes o en los patinetes con ruedas de colores.

The brightly-colored swing is one of the pieces designed by the artist to offer the adult a seat with which they can escape back to their childhood.

De kleurige schommel is een van voorwerpen die de kunstenaar heeft ontworpen om volwassenen een zitplaats te bieden waarmee zij naar hun kinderjaren kunnen "vliegen".

Die Schaukel in leuchtenden Farben ist eines der Objekte, die der Künstler entworfen hat, um damit den Erwachsenen einen Sitzplatz zu bieten, mit dem sie in ihre Kindheit fliegen können.

El columpio de tonos brillantes es una de las piezas diseñadas por el artista con el fin de ofrecer al adulto un asiento con el que poder volar a la infancia.

The room with the swing offers adults space to have fun without worrying about it. This item invites the guests to let their hair down.

Das Wohnzimmer mit der Schaukel bietet Erwachsenen Raum, sich ohne Vorurteile zu vergnügen. Dieses Objekt lädt die Gäste ein, sich zu entspannen.

De zitkamer met schommel biedt volwassenen ruimte om zich zonder vooroordelen te vermaken. Hiermee worden gasten uitgenodigd om zich te ontspannen.

El salón con el columpio ofrece a los adultos espacio para divertirse sin prejuicios. Esta pieza invita a los convidados a relajarse.

The seesaw with red upholstery was designed to help the guests let off surplus steam. At the same time, it adds a dynamic touch to leisurely conversation.

Diese rot gepolsterte Wippe wurde entworfen, damit die Gäste ihre überschüssige Energie entladen können. Gleichzeitig trägt sie zur Dynamik von entspannten Gesprächen bei.

Deze wip met rode bekleding werd ontworpen om de gasten zich te laten ontlasten van overtollige energie. Tegelijkertijd geeft het wat dynamiek aan ontspannen gesprekken.

Este balancín tapizado en rojo fue diseñado con el objetivo de que los invitados descarguen su energía extra. Al mismo tiempo, aporta una nota de dinamismo a las distendidas conversaciones.

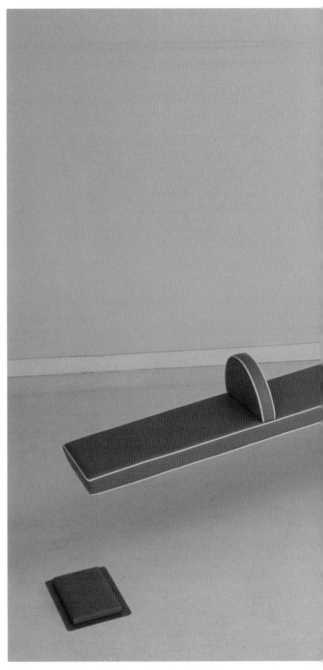

For the boldest among us that enjoy a good sense of balance, the designer took it upon himself to create these colorful skateboards with special wheels. The design has been created to provide warmth and is sound and shockproof.

Für die Wagemutigsten mit gutem Gleichgewichtssinn entwarf der Designer diese bunten Rollerskates mit Spezialrädern. Das Design soll Wärme ausstrahlen und Lärm und Stöße absorbieren.

Voor de stoutmoedigsten met een goed evenwicht heeft de ontwerper deze kleurige skateboards met speciale wieltjes gecreëerd. De bedoeling van het ontwerp was warmte te bieden en geluiden en schokken te absorberen.

Para los más osados y con buen equilibrio, el diseñador se encargó de crear estos coloridos patines con ruedas especiales. El diseño está concebido para brindar calidez y absorber ruidos y golpes.

Directory

1100 Architects
New York, NY, USA
Frankfurt Am Main, Germany
www.1100architect.com
Retro Penthouse
© Reto Guntli/Zapaimages

ADP Architects
www.adp-architecture.com
Clayton House
© Alex Ramsey/Redcover.com

AIDI Dunphy for Modern
Conveniente
Athens, Greece
www.modernconvenience.com
Designer Toys
© AIDI Dunphy, Walter
Montgomery, Carl Martin

Ajrapetov
Cinema in a Loft
© Fritz von der Schulenburg/
The Interior Archive
Home Gym With Screen
© Fritz von der Schulenburg/
The Interior Archive
Audio Tower
© Fritz von der Schulenburg/
The Interior Archive

Alison Brooks Architects
London, United Kingdom
www.alisonbrooksarchitects.com
Wharf Apartment
© Dennis Gilbert/VIEW
VXO House
Fitness Pavilion
© Mark York/Redcover.com

Architeam
Battle, United Kingdom
www.architeam.co.uk
Playroom
© Mark Luscombe-Whyte/The
Interior Archive

Artcoustic
Essex, United Kingdom
www.artcoustic.com
Hermitage House
© Artcoustic
Hampstead House
© Artcoustic
Pool and Slide
© Artcoustic
Jones House
© Artcoustic
Artcoustic
© Artcoustic

Belsize Architects
London, United Kingdom
www.belsizearchitects.com
Sheldon Avenue
© Graham Atkins/Redcover.com

Belzberg Architects
Santa Monica, CA, USA
www.belzbergarchitects.com
Skyline Residence
© Benny Chan/Fotoworks

Brent Kendle/Kendle Design
Collaborative
Scottsdale, AZ, USA
www.kendledesign.com
Monk's Shadow House
© Rick Brazil

CA1 Design
London, United Kingdom
Rivershead Apartment
© Luke White/The Interior
Archive

Child & Co.
Reeves Mews
© Fritz von der Schulenburg/The
Interior Archive

CineConfort
Residence in Garraf
© Gogortza/Llorella

Cristina Rodríguez
Saint Barthelemy, French West
Indies
www.cristinarodriguez.com.es
Bobo House
© Jordi Sarrà

Darren Gander
London, United Kingdom
www.eldridgesmerin.com
Seating Pools
© Luke White/The Interior
Archive
Apartment in London
© Luke White/The Interior
Archive

Dina Lamberton
London, United Kingdom
Gym at Home
© Fritz von der Schulenburg/The
Interior Archive

Eldridge Smerin
London, United Kingdom
www.eldridgesmerin.com
House in Highgate
© Chris Gascoigne/VIEW

Formwork Architects
London, United Kingdom
www.formwork.uk.com
Private House
© Dennis Gilbert/VIEW

Hyo Man Kim/IROJE KHM
Architects
Seoul, Corea
www.irojekhm.com
Island House
© MoonJeaonsSik

Jo Warman
London, United Kingdom
Cinema Lounge
© Mike Saines/Redcover.com

Joan Bach
Barcelona, Spain
joan.bach@coac.net
Apartment Sant Just Bach
© Jordi Miralles

Joel Sanders
New York, NY, USA
www.joelsandersarchitect.com
Penthouse in Market Street
© Rien van Rijthoven

John Corrigan
Switalski House
© Johnny Bouchier/Redcover.com

Jorge Segarra Checa
Valencia, Spain
Duplex Penthouse
© Joan Roig

Karim Rashid
New York, NY, USA
www.karimrashid.com
Apartment in Manhattan
© Simon Upton/
The Interior Archive

López Rivera Arquitectos
Barcelona, Spain
www.lopez-rivera.com
Loft López
© Jordi Miralles

Lundberg Design
San Francisco, CA, USA
www.lundbergdesign.com
Wine-Tasting Room
© Cesar Rubio

Mark Mack Architects
Venice, CA, USA
www.markmack.com
Industrial House
© Undine Pröhl

Nick Milkovich and Arthur
Erickson
Vancouver, Canada
www.milkovicharchitects.com
Dunbar Residence
© Ron Dalquist

Oskar Leo Kaufmann
Dornbin, Austria
www.olkruf.com
House S
© Adolf Bereuter

Owners
Binny & Graham House
© Christopher Drake/
Redcover.com

Owners
Country House
© Martin O'Kelley/
Redcover.com

Owners
Summer House
© Gogortza/Llorella

Owners and Gibson Music Ltd.
Gym and AV Studio
© Fritz von der Schulenburg/
The Interior Archive

Owners
Table Tennis
© Martin O'Kelley/Redcover.com

Owners
Piano Room
© Johnny Bouchier/Redcover.com

Patrizio Romano Paris
Rome, Italy
Theatre Chairs
© Reto Guntli/Zapaimages
Apartment in Rome
© Reto Guntli/Zapaimages
Paxton Locher
Indoor Pool
© Luke White/The Interior
Archive

Peter Pallai
London, United Kingdom
Pool Attic
© Ed Reeve/Redcover.com

Pont Reyes
Barcelona, Spain
www.pontreyes.es
Jordi Sarabia House
© Gogortza/Llorella
José María Santos House
© Gogortza/Llorella

Powerhouse Company
Copenhagen, Rotterdam
www.powerhouse-company.com
Villa 1
© Powerhouse Company

Procter: Rihl
London, United Kingdom
www.procter-rihl.com
Slice House
© Marcelo Nunes

Resolution: 4 Architecture
New York, NY, USA
www.re4a.com
Q-Loft
Guitar Museum
© Floto + Warner

Roderick James Architects
Totnes, United Kingdom
www.roderickjamesarchitects.
co.uk
Brock House
© Anthony Harrison/
Redcover.com

Roger Hirsch, Myriam Corti +
Tocar Inc.
New York, NY, USA
www.rogerhirsch.com
Loft in New York
© Michael Moran

Rowan Meehan
London, United Kingdom
Home Cinema
© Luke White/The Interior
Archive

Sixx Design
New York, NY, USA
www.sixxdesign.com
Bachelor Pad
© Joshua McHugh
Bachelor's Game Room
© Joshua McHugh

The Holland Park Studio
London, United Kingdom
www.thehollandparkstudio.com
Room With a View
© Ken Hayden/Redcover.com

Shadi Shahrokhi
Triangle Loft
© Andrea Morini

Velicovsky
Private Residence
© Fritz von der Schulenburg/
The Interior Archive

Wayne Vincent
London, United Kingdom
Playing With Music
© Wayne Vincent/Redcover.com

Werner
Barcelona, Spain
www.werner-musica.com
Sebastià Garcia House
© Gogortza/Llorella
Oriol Serra Residence
© Gogortza/Llorella
Vicente Viguera Residence
© Gogortza/Llorella
PlayStation
© Gogortza/Llorella

Word/Marsh Architecture
Port Melbourne, VIC, Australia
www.woodmarsh.com.au
Oval Room and Pool
© Trevor Mein_meinphoto